AKAL / Artefactos

Director
Miguel Ángel Cajigal, *El Barroquista*

Diseño y motivo de cubierta: Juan Hervás / artbyte.es

Diseño interior: RAG

© Kevin Rodríguez Wittmann, 2025

© Ediciones Akal, S. A., 2025
Sector Foresta, 1
28760 Tres Cantos
Madrid - España
Tel.: 918 061 996
atencion.cliente@akal.com
www.akal.com

ISBN: 978-84-460-5691-1
Depósito legal: M-6.394-2025

Impreso en España

KEVIN R. WITTMANN

ORBE MEDIEVAL
Mapas y cultura en la Edad Media

akal

ARGENTINA / ESPAÑA / MÉXICO

Agradecimientos

Este libro condensa muchas cosas. Por un lado, las investigaciones que he ido realizando a lo largo de los últimos años; cientos de lecturas, de mapas, de observaciones y de aprendizaje. Pero también muchísimas conversaciones, debates e intercambios de ideas con personas que me han hecho ver el pasado de una forma muy distinta.

Agradezco muchísimo a todas las personas que me han ayudado a deshacerme de ideas preconcebidas, a superar errores y a seguir aprendiendo. Personas que me han servido de inspiración o que, simplemente, me han ayudado a ver las cosas de otra manera mientras tomamos café en esos lugares en los que surgen las mejores ideas, proyectos de investigación e hipótesis: las cafeterías universitarias. Siempre estaré en deuda con especialistas como Maravillas Aguiar Aguilar, Eduardo Aznar Vallejo, Juan Manuel Bello León, Roberto González Zalacain, Flocel Sabaté, Chet Van Duzer, Carla Lois, Ricardo Padrón, Sandra Sáenz López-Pérez, Alfred Hiatt, Henrique Leitão y muchos otros. Y, por supuesto, gracias a todas las compañeras y compañeros con quienes he compartido viajes, congresos, fatigas doctorales y experiencias que mejoran mucho en buena compañía.

No puedo dejar de agradecer especialmente, sobre todo teniendo en cuenta el tema de este libro, al Instituto de Estudios Medievales y Renacentistas de la Universidad de La Laguna, que ha sido mi hogar académico en los últimos años, y sin cuya ayuda y apoyo no habría podido hacer gran cosa. Muchas gracias, de verdad.

Gracias a todo el personal de bibliotecas, archivos y museos que he tenido la suerte de visitar en diversos países a lo largo de los años, y que me ha ayudado a consultar material que nunca imaginé tener entre mis manos. Siempre que tengo oportunidad, me gusta recordar la necesidad de que reivindiquemos la fundamental labor de estos profesionales, sin los cuales nuestro pasado habría quedado enterrado en la memoria para siempre.

Muchas gracias a Miguel Ángel Cajigal, *El Barroquista,* por contar conmigo para un proyecto tan bonito; a Jesús Espino, por su paciencia e interés; a Alejandro Rodríguez, por su gran labor de edición; y a todas aquellas personas que han trabajado para que esta colección salga a la luz.

Y, por último, como siempre, a mi familia, por ayudarme a estar justo donde quiero estar. Gracias, Karen, por ser el apoyo que me anima a seguir, aunque a veces me cueste. No me lo tengas muy en cuenta.

Introducción

Octubre de 2005. Universidad de Columbia Británica. Un grupo de especialistas en historia de la cartografía se reúnen en un seminario organizado por el historiador Richard Talbert, clasicista de prestigio internacional y editor de una obra conocida y admirada por miles de estudiosos alrededor del mundo: el *Barrington Atlas of the Greek and Roman World*. El objetivo del seminario es ofrecer un espacio de discusión y puesta en común de ideas sobre los mapas de la Antigüedad y de la Edad Media, un tema que, contra lo que pueda parecer, había sido muy poco abordado[1]. La idea era aportar nuevas perspectivas en el estudio de las prácticas cartográficas en esas respectivas épocas, tomando en consideración los recursos y oportunidades que ofrecía el casi recién estrenado siglo XXI. En este marco se reunieron algunos de los nombres más importantes de estas áreas, que presentaron sus investigaciones, sus hipótesis y sus avances en una serie de temas, desde los mapas grecorromanos hasta el análisis digital de mapas medievales. La idea de reunir, en un mismo evento, a especialistas de ambos ámbitos era bastante novedosa. Hasta ese momento, la visión generalizada desde la academia era que había que elegir: o estudiar la Antigüedad o la Edad Media. En realidad, sigue siendo así. Por lo general, los planes de estudio ofrecen, fundamentalmente por comodidad curricular, un acercamiento a los periodos históricos organizado de forma lineal o, en el mejor de los casos, paralelo. Los intereses y áreas de especialización de los investigadores respon-

---

[1] Los resultados de este seminario fueron publicados en Richard Talbert (ed.), *Cartography in Antiquity and the Middle Ages: Fresh Perspectives, New Methods*, Leiden, Brill, 2008.

den a la misma lógica; a fin de cuentas, cada época tiene unos condicionantes históricos, sociales y culturales específicos que exigen una determinada forma de leer las fuentes y unos acercamientos teóricos propios. Así es como funciona, en términos generales, la construcción del conocimiento sobre el pasado.

Una de las principales conclusiones del seminario organizado por Talbert es que las relaciones entre la Antigüedad y la Edad Media pueden ser mucho más cercanas y orgánicas de lo que podemos esperar. Y esto hizo que el resultado del encuentro fuera el habitual de todo buen evento científico que se precie: la apertura de miradas y el planteamiento de nuevas perspectivas. Decía el historiador John Tosh en su fundamental libro *Why History Matters* que el mérito de la historia reside más en abrir cuestiones que en cerrarlas, en revelar opciones en lugar de insistir en respuestas. Y seminarios como el que acogió la Universidad de Columbia Británica en 2005 es un gran ejemplo de ello.

El evento con el que abro este libro no solo fue importante por su abordaje transversalmente cronológico, sino por el hilo conductor general: los mapas. A decir verdad, no podía ser de otra forma: Richard Talbert es una de las grandes referencias internacionales en geografía y cartografía en la Antigüedad clásica. Pero, en 2005, el estudio histórico de la representación del espacio, realizado de manera frontal, profunda y rigurosa, no tenía más que pocas décadas de vida. En el siglo XIX, más allá de alguna que otra excepción, el interés que suscitaban los mapas antiguos estaba adscrito, fundamentalmente, a los anticuarios y a los coleccionistas. Hubo quien empezó a considerarlos como una fuente histórica que había que tener muy en cuenta, como el portugués Manuel Francisco de Barros e Sousa de Mesquita, más conocido como vizconde de Santarem, que se acercó a ellos con un enfoque de corte positivista, cuando no claramente nacionalista, centrado en buscar evidencias de los marcos cronológicos de las primeras navegaciones europeas por el Atlántico, pero lo habitual era entender los mapas antiguos como bonitos reflejos de otras épocas, sin más. Tengamos en cuenta que, en el XIX, el concepto moderno de mapa, con todas las implicaciones científicas, técnicas, metodológicas y terminológicas que conlleva, era muy reciente. Lo que hoy entendemos como mapa procede de una concepción bastante moderna, y, de hecho, aún hay un gran debate que gira en torno a cómo podemos definir un mapa de manera completa, sin dejarnos nada atrás; cuestión ciertamente complicada que no parece poner de acuerdo a la comunidad científica. Una investigación del historiador de la cartografía John Harwood Andrews llegó a recopilar 321 definiciones distintas del término «mapa» en libros y diccionarios desde mediados del siglo XVII hasta 1996. Esto hace que muchas veces, como ocurre con otras manifestaciones culturales (desde la literatura hasta el arte), podamos correr el riesgo de valorar las creaciones de otras épocas y contextos desde nuestra propia perspectiva, desde nuestra idea preconcebida de lo que implican esas manifestaciones, cayendo en un análisis anacrónico de estas realidades que no nos hace ningún favor a la hora de comprenderlas.

Tampoco es que podamos desdeñar las aportaciones realizadas en el siglo XIX. Hubo personajes, como el alemán Konrad Miller y el propio vizconde de Santarem, que pasaron años de sus vidas buscando mapas desde la Edad Media hasta el siglo XVI, haciendo copias, reproduciéndolos de la forma más fiel posible y publicándolos en diversos atlas y colecciones, como seguirían haciendo décadas después otras figuras como el egipcio Yousouf Kamal y el italiano Roberto Almagià, entre otros. Gracias a ellos, de hecho, conservamos la imagen de algunos mapas de muy difícil acceso, e incluso algunos que no han sobrevivido. Pero, durante bastante tiempo, el valor que se le daba a estas producciones no iba mucho más allá del estético y del analítico. Por lo general se estudiaban de forma autónoma, desgajada, formalista. Esto no quiere decir que no existiera una historia de la cartografía en pleno desarrollo; había investigadores interesados en estas producciones, que compartían conversaciones, publicaciones y congresos. De hecho, en 1935 el historiador de origen ruso Leo Bagrow fundó *Imago Mundi,* revista académica especializada en historia de la cartografía que aún sigue siendo la principal publicación internacional al respecto. A mediados del siglo XX vieron la luz algunas monografías que se acercaban a los mapas desde una óptica más general, con obras escritas por figuras como Gerald Crone y R. A. Skelton (este último, por cierto, generó una gran polémica por querer demostrar la autenticidad del problemático mapa de Vinland, supuesto testimonio cartográfico de la llegada de los vikingos a América alrededor del siglo IX). Y ya a partir de los años setenta, con las nuevas miradas sobre los mapas planteadas por especialistas como Arthur H. Robinson y

Barbara B. Petchenick, se abrió el camino para la que ha sido considerada una revolución en el estudio de los mapas antiguos, revolución que estallaría definitivamente con la publicación, a partir de 1987, de la monumental *The History of Cartography*, planteada por David Woodward y John Brian Harley, y cuyos nuevos tomos aún siguen saliendo a la luz.

En las últimas décadas, por supuesto, el abanico temático en el estudio y consideración de los mapas antiguos y de sus contextos de creación no ha dejado de abrirse y nos ha permitido tener una visión mucho más amplia, profunda y compleja de esta cuestión, gracias a las aportaciones de investigadoras e investigadores que se han acercado, desde múltiples perspectivas, a estas realidades. Pero, por lo general, esos acercamientos han sido, desde un punto de vista cronológico y cultural, paralelos. Como comentaba al principio, a los historiadores se nos exige que tomemos partido. Nos especializamos en una época o en otra, en una disciplina o en otra, en un método o en otro. Prehistoria, Edad Antigua, Edad Media, Edad Moderna, Edad Contemporánea. Todos aprendimos historia con esa categorización, ya planteada por Christoph Cellarius en el siglo XVII (a excepción, obviamente, de la Contemporánea). A fin de cuentas, esa periodización resulta muy cómoda. Es mucho más fácil estudiar la historia de esa manera, y, a efectos de investigación, permite un mayor conocimiento y un análisis más concreto y profundo de las complejas realidades de un periodo histórico. Pero puede llegar el momento en que pensemos que una etapa se diferencia por completo tanto de la anterior como de la que le sucede. Que deja de existir cuando supera el límite cronológico que se le ha impuesto. Una concepción lineal de la historia puede llevarnos, paradójicamente, a la confusión, a tener demasiada fe en las fechas limítrofes y muy poca en los procesos que interactúan tras ellas. Unos procesos muy complejos, que se interrelacionan entre sí, que son mucho más lentos, más profundos y, afortunadamente, más interesantes que la mera sucesión de periodos y de etapas.

Esta idea de la complejidad de los procesos históricos, y de la importancia de derribar barreras cronológicas y culturales cuando se hace necesario, es algo ampliamente aceptado entre quienes nos dedicamos a la historia cultural. Hace ya bastantes décadas que se habla de ello en la academia, y son muchos los libros, estudios, artículos y eventos en los que se ha discutido sobre ello. El seminario organizado por Talbert es especialmente significativo por el tema que ocupa este libro, pero, por supuesto, ha habido muchos otros que han abordado esta cuestión desde otras perspectivas.

Por eso resulta tan sorprendente ver cómo una parte importante de la opinión pública (y, descorazonadoramente, una parte de la academia) sigue aferrándose a determinadas ideas preconcebidas sobre épocas históricas concretas. Y hay que decir que, en esto, la Edad Media es la que ha salido peor parada.

No voy a desarrollar aquí los numerosos tópicos e inexactitudes que se le han atribuido a la Edad Media a través de los siglos –esto implicaría escribir libros enteros–. Pero quizá la visión más extendida es la de un tiempo oscuro, sin mayor interés, en el que la ciencia y el conocimiento que habían florecido en la Antigüedad se perdieron por caminos sinuosos, y la Europa cristiana se sumió en las tinieblas hasta que tuvo que ser «intelectualmente rescatada» por la recuperación del mundo clásico en el siglo XV; el propio concepto «Edad Media», de hecho, alude implícitamente a esa idea.

Por supuesto, esto no es algo nuevo. Ya Giovanni Boccaccio, en su famosa alusión a Giotto en la quinta novela de su inmortal *Decamerón,* finalizada en 1353, afirma que el artista había recuperado la luz de la pintura, oculta durante siglos «bajo los errores de algunos que habían pintado más para deleitar los ojos de los ignorantes que para complacer el intelecto de los sabios»[2]. Esta idea no dejaría de crecer con el tiempo, formando parte de un lugar común con gran presencia en la opinión pública. En 1863, el muy exitoso *Dictionnaire général des lettres, des beaux-arts et des sciences morales et politiques,* escrito por Théodore Bachelet y Charles Dezobry, afirmaba que, en el Renacimiento, las artes y las letras, que habían perecido en el mismo naufragio que la sociedad romana, florecieron de nuevo y brillaron con esplendor después de diez siglos de tinieblas. Y, aún hoy día, es bastante habitual encontrar alusiones a la Edad Media como un periodo que hay que evitar, una suerte de vergonzoso paréntesis científico y cultural marcado por la superstición y el retroceso.

Numerosos libros, programas de televisión, películas, conferencias, blogs y publicaciones en redes sociales inciden en esa idea. Es

---

[2] Boccaccio, *Decamerón,* trad. de María Hernández Esteban, Cátedra, Madrid, 2005, pp. 709-710.

cierto que hay cada vez más propuestas que se empeñan en mostrar la falacia que supone una Edad Media que le da la espalda al conocimiento antiguo de forma sistemática, pero una falsedad forjada durante los últimos cinco siglos es realmente difícil de desterrar. Si tradicionalmente se ha tendido a valorar la Edad Media, en términos de conocimiento y producción cultural y científica, como una suerte de *impasse* de más de mil años, una gran sima que se abre a finales de la Antigüedad y la separa del resurgir del pensamiento científico en el siglo XV, los mapas medievales no son una excepción. Antes de los años ochenta del siglo pasado, década en la que se desarrollan acercamientos serios y rigurosos por parte de especialistas como David Woodward, Evelyn Edson y Patrick Gautier Dalché, estos mapas eran vistos, generalmente, como excéntricas y bonitas representaciones de un mundo cristiano y supersticioso. A principios del siglo XX, Charles Raymond Beazley, en su famosa y extensa obra sobre la historia de las exploraciones en la Edad Moderna (*The Dawn of Modern Geography,* 1906), achacaba la poca familiaridad de la Europa medieval con el mar (algo, por cierto, bastante cuestionable) con el hecho de que la sociedad medieval estaba imbuida de «superstición, ignorancia y barbarie». Es más, consideró los portulanos[3] «los primeros mapas de verdad», considerándolos «un capítulo importante en la historia de nuestra civilización»[4] (sea lo que sea eso) y pasando por alto siglos y siglos de creación de mapas desde otras perspectivas y naturalezas.

En 1939, el catálogo de una exposición de mapas de la colección del historiador Frederick B. Artz afirmaba que ningún geógrafo antiguo fue recordado en el mundo occidental durante los largos siglos en los que la Iglesia restringió la ciencia[5]. Y en 1953, Gerald Crone, uno de los grandes historiadores de la cartografía del siglo XX, aseguraba en su clásico libro *Maps and their Makers* que en la Edad Media se paralizó (cuando no retrocedió) el conocimiento geográfico durante siglos, y que los mapas eran simples y

---

[3] Las cartas portulanas son unas cartas de navegación que se popularizan a partir de principios del siglo XIV, pero su origen es incierto.

[4] C. Raymond Beazley, *The Dawn of Modern Geography,* Oxford, Clarendon Press, 1906, p. 10. Traducción propia.

[5] Robert Lang, *The Map, XV-XVIII Centuries: An Exhibition Illustrating the History of Cartography from the Collection of Frederick B. Artz,* Oberlin, Ohio, 1939, p. 5. Traducción propia.

rutinarias copias de las autoridades aceptadas, en las que, de hecho, se introdujeron numerosos errores, llegando a calificar los siglos anteriores al XIV como «la edad oscura» de la cartografía[6].

Podríamos pensar que esta visión se fue superando poco a poco, con el aire fresco que supusieron las contribuciones de autores y autoras como Régine Pernoud y los historiadores de la mítica Escuela de los Annales, que revolucionaron el estudio de la historia, cultura y mentalidad medievales a partir de los años setenta del siglo pasado. Pero, en el tema que nos ocupa, ese cambio fue (y sigue siendo) lento. En 1981 el investigador Alan Hodgkiss, en un libro paradójicamente titulado *Understanding Maps (Comprendiendo los mapas),* afirmaba que los mapas realizados durante la Edad Media no fueron más que vehículos para la especulación subjetiva y la representación gráfica de enseñanzas teológicas, más que el resultado de un razonamiento sistemático[7]. A finales del siglo XX, un muy respetado manual de historia de la geografía para alumnado universitario no dudó en hablar (muy brevemente) de la Edad Media como un periodo oscuro para el desarrollo de la ciencia, en el que, como mucho, se hicieron copias «precisas pero estériles» de obras de la Antigüedad, rechazando todo aquello que no coincidiera con los dogmas de la Iglesia, y difundiendo la imagen de la Tierra como un disco plano con Jerusalén en su centro[8]. Y aún hoy, la página web del St. John's College, de la mismísima Universidad de Cambridge, explica sin tapujos que la Europa medieval perdió todo el conocimiento que habían descubierto los griegos y los romanos sobre el mundo[9].

Nada de eso, por supuesto, es cierto, pero esos clichés están demasiado asentados en el imaginario popular como para ser erradicados fácilmente. El objetivo de este libro es contribuir a esa erradicación desde una perspectiva quizá poco conocida para el gran público: los mapas medievales y la manera en que reflejan un determinado conocimiento sobre el mundo y una concepción de las

[6] Gerald R. Crone, *Maps and their Makers. An Introduction to the History of Cartography,* Londres, Hutchinson University Library, 1953, p. 28.
[7] Alan Hodgkiss, *Understanding Maps. A Systematic History of their Use and Development,* Folkestone, Dawson, 1981, p. 74.
[8] A. Holt-Jensen, *Geografía: historia y conceptos,* Barcelona, Vicens Vives, 1992, p. 15.
[9] Véase [https://www.joh.cam.ac.uk/index.php/medieval-geography].

realidades geográficas que, como veremos, va mucho más allá de la simple representación del espacio. Mostrar cómo la cultura y el conocimiento clásicos sobrevivieron en la Edad Media a través de unas herramientas culturales fundamentales. Una nueva visión de los mapas medievales y de sus relaciones con otros contextos históricos y culturales nos ayuda a valorar estas producciones como productos complejos, multidimensionales y profundos. Como objetos culturales que son, los mapas, y, por extensión, las tradiciones cartográficas, no son nunca elementos desgajados, aislados del mundo. La concepción y representación del espacio geográfico en la Edad Media no surge por casualidad, no nace porque sí, y, desde luego, no supone un divorcio absoluto con el mundo clásico, de la misma manera que la representación del mundo en los siglos XV y XVI (y más allá) no suponen un divorcio absoluto con la Edad Media.

Pero para demostrar esa cuestión debemos ir mucho más allá de la Edad Media. Debemos comprometernos con un recorrido que supere los límites cronológicos. Y precisamente eso es lo que propone este libro: derribar fronteras. Tanto heurísticas como culturales, cronológicas e historiográficas. Plantear una mirada de larga duración de los mapas medievales, con un recorrido que empieza en el siglo VI a.C. y se extiende hasta el XVI, haciendo dialogar la geografía, la historia, la literatura y el arte. Nos acercaremos al (posible) uso de los mapas desde la Antigüedad, y en su (de nuevo, posible) papel en sus respectivas sociedades. Porque el análisis de los mapas, plurales y transversales por definición, exige un acercamiento igualmente plural y transversal. Puede parecer un enfoque demasiado amplio, quizá provocador, pero resulta fundamental que ampliemos nuestra mirada para valorar las manifestaciones culturales y de conocimiento medievales en toda su magnitud y con toda su diversidad. Es la mejor manera de cambiar nuestra visión no solo sobre ellos, sino sobre las complejísimas realidades de la Europa medieval y de nuestro propio pasado.

1. La Antigüedad

¿UNA HISTORIA DE LOS MAPAS SIN MAPAS?

¿Cómo estudiar los mapas realizados en una época de la que no conservamos ningún ejemplo? ¿De qué manera analizar la conciencia del espacio en un contexto histórico y cultural que no nos ha legado representaciones cartográficas? Es más, ¿acaso se realizaron mapas en ese contexto? ¿Cómo podemos saberlo, si apenas tenemos textos geográficos originales de esa época, sino comentarios e informaciones de segunda (incluso tercera o cuarta) mano realizados tiempo después? Y, sobre todo, ¿cómo estudiar, con esa escasez de evidencias, la conexión de esas representaciones cartográficas con la Edad Media europea, desarrollada varios siglos después en un contexto aparentemente muy distinto?

Son preguntas que han sobrevolado durante décadas el estudio de la cartografía en la Antigüedad, y que han sido la base de encendidos debates historiográficos. Según una parte de la comunidad científica, la respuesta a estas preguntas es simple: no. En la Antigüedad no se usaron mapas. Al menos, no de la manera en que los entendemos en la actualidad. Simplemente porque no tenían una gran utilidad para ellos. Es lo que afirmó, en los años ochenta del siglo pasado, el italiano Pietro Janni, figura clave de los estudios sobre concepción del espacio en la Antigüedad. En su clásico *La mappa e il periplo. Cartografia antica e spazio odologico* (1984), traducido recientemente al español como *El mapa y el periplo. Cartografía antigua y espacio hodológico* (2024), Janni afirma que los mapas, como herramienta de representación del espacio, no existían en la Antigua Grecia; mucho más importante que el hecho de que un lugar estuviera representado en un mapa era el camino que se debía seguir para llegar a él (de ahí el concepto acuñado por Janni, «espacio hodológico», término con raíz en el griego *hodós*, camino). Esta teoría inició una nueva vía en el estudio de la cartografía antigua, y su innegable influencia sigue estando muy viva en los círculos académicos a través de investigadores como Kai Brodersen y Javier Gómez Espelosín.

Desde hace relativamente poco tiempo se ha ido popularizando un concepto, planteado por Klaus Geus, que bebe de las propuestas de Janni y ofrece una nueva (y muy sugerente) manera de estudiar la concepción del espacio en la Antigüedad: lo que Geus llama *Common Sense Geography,* que podríamos traducir como «Geografía del Sentido Común» y que hace referencia a la práctica geográfica implícita en los saberes cotidianos de la Antigüedad; es decir, aquellos saberes que están fuera de los ambientes académicos, teóricos y, en definitiva, expertos. Esto está abriendo una nueva línea de investigación en el conocimiento de la geografía antigua y de su aplicación práctica, que bucea en la transversalidad y en la intermedialidad, conceptos que aparecerán con cierta frecuencia en este libro.

Pero la cuestión es bastante más compleja de lo que pueda parecer. Comentaba en la introducción del presente volumen que el concepto actual de mapa es, en términos históricos, relativamente reciente. La consideración de un objeto cartográfico como algo independiente, con su propio lenguaje y fundamentos de estudio, tiene unos pocos siglos de vida. Esto significa que en la Antigua Grecia no hubo un término concreto para hacer referencia a un mapa; comúnmente se usaban las palabras *pinax* o *periodos ges,* ninguna de las cuales alude específicamente a una representación cartográfica. *Pínax* era una tablilla de madera o bronce que se usaba como base de escrituras y dibujos, mientras que *periodos ges* (literalmente, «circuito de la Tierra») hacía referencia a una descripción geográfica. El problema de ambos conceptos es que son muy abiertos; podían designar un mapa, ciertamente, pero también cualquier otro tipo de representación o descripción.

Eso significa que el estudio de mapas (o quizá deberíamos decir tradiciones cartográficas) de otros contextos históricos y culturales exige de nosotros un ejercicio consciente y constante de abstracción y de reconsideración de determinadas ideas preconcebidas. En otras palabras: que para nosotros un mapa no resulte útil no tiene nada que ver con su utilidad real. El hecho de que una determinada representación gráfica del espacio no coincida con nuestros parámetros culturales no significa que no se trate de un mapa propiamente dicho.

Pongamos un ejemplo: si no podemos comprender un texto porque está escrito en un idioma que no hablamos, no consideramos ese texto como un galimatías inservible por naturaleza. Simplemente no nos es útil porque no somos capaces de comprender lo que está escrito, pero eso no significa que no pueda considerarse un texto. Lo mismo ocurre con los mapas, cuya función textual, dicho sea de paso, ha sido analizada por un gran número de investigadores desde hace medio siglo. Un documento cartográfico podía haber sido creado para una función muy distinta a la que le presuponemos. Por eso resulta fundamental tener muy en cuenta el contexto de su creación, y hacernos preguntas que vayan mucho más allá de sus condicionantes internos.

Pero esto no deja de ser un arma de doble filo. Al considerar este planteamiento, fácilmente podemos correr el riesgo de asumir una excesiva flexibilidad, de dejarnos llevar por un sesgo de confirmación por el que consideramos como mapa un tipo de representación que exige de nosotros demasiada credibilidad. Es lo que se le achaca a una línea de trabajo, propia de la segunda mitad del siglo XX, que focalizaba sus esfuerzos en identificar y analizar posibles testimonios cartográficos antiguos. Posiblemente el principal representante de esta línea fue el inglés Oswald Dilke, que publicó, más o menos al mismo tiempo que Janni, una obra de referencia sobre el tema, con el indicativo título de *Greek and Roman Maps* (1985). Dilke fue uno de los grandes clasicistas del siglo pasado, especializado en literatura latina, en teatro de la Antigua Grecia y en representación del espacio en el contexto clásico, y su libro fue (y sigue siendo) una aportación fundamental en el tema, pero no podemos evitar verle cierto optimismo exacerbado, casi romántico, a la hora de considerar determinados objetos como representaciones cartográficas. Dilke, al que volveremos en el próximo capítulo, parece ser demasiado crédulo con la consideración cartográfica de determinados testimonios antiguos, tales como bronces, mosaicos y otros objetos arqueológicos; quizá (y esto es algo que se le achacó de forma casi inmediatamente posterior a la publicación de su libro) el interés de Dilke en demostrar el papel de los mapas en el contexto clásico no jugó demasiado a su favor.

Es decir, los acercamientos a la supuesta realización y uso de mapas en la Antigüedad siguen generando grandes debates que se sitúan entre la negación y la excesiva flexibilidad. Por ello, para acercarnos a la cartografía de la Antigüedad resulta fundamental encontrar el balance entre la apertura de mente y el rigor, entre el análisis desprejuiciado y las hipótesis fundamentadas. Este balance difícil de lograr es esencial para intentar comprender las realidades cartográficas del contexto antiguo.

Teniendo esto en cuenta, debemos considerar dos cuestiones: la primera, que las (posibles) representaciones gráficas del espacio realizadas en la Antigüedad eran mapas en la medida en que mostraban una determinada visión del espacio geográfico y cosmológico desde un punto visual, con una semiótica y una información concreta que transmitía esas visiones. La segunda, que el hecho de que la mayoría de los mapas posiblemente realizados en la Antigüedad hayan desaparecido no significa que no existieran. Como veremos más adelante, en este sentido resulta clave acudir a otras fuentes documentales; son los textos geográficos e históricos grecolatinos los que nos dan la clave de una determinada conciencia cartográfica en la Antigüedad.

Pero vayamos por partes. ¿Desde cuándo podemos hablar de mapas del mundo o, mejor dicho, de un determinado mundo, de forma indiscutible? Se ha debatido mucho sobre la posible existencia de mapas en la Prehistoria y, por tanto, de la primera representación conocida que podemos considerar como cartográfica. Se ha puesto el foco en la península ibérica (mapa de Abauntz y Cueva Fuente del Trucho, entre otros), en Francia (losa de Saint-Bélec), en República Checa (colmillo de Pavlov), en Ucrania (Mezhirich), en Irak (Tepe Gaura) y en Argelia (Jebel Tisouka), entre otros lugares, por no mencionar el conocido caso del posible mapa de Çatalhöyük (actual Turquía), que, según una parte importante de la comunidad científica, representa la propia ciudad con el monte Hasan al fondo. Por otro lado, de contextos como el Antiguo Egipto y Babilonia han sobrevivido no pocos mapas de carácter topográfico y catastral. Pero eso queda fuera de los límites de este libro. Para no complejizar demasiado esta cuestión, nuestro recorrido empieza con el que está considerado, esta vez con un gran consenso en la comunidad científica, el primer mapamundi que ha llegado hasta nosotros: el conocido como mapamundi babilónico, fechado en torno al siglo VII o VI a.C. (Fig. 1).

Figura 1. Mapamundi babilónico, *ca.* siglo VI a.C. British Museum, Londres. Se trata del mapamundi más antiguo que se ha conservado. Representa un mundo centrado en Babilonia y rodeado por un gran anillo exterior de Océano, elemento compartido por diversas culturas alrededor del mundo y que será visible en los *mappaemundi* medievales.

AQUÍ EMPIEZA TODO

A pesar de su pequeño tamaño (alrededor de 12 × 8 centímetros), el mapamundi babilónico es una de las grandes joyas del Museo Británico de Londres. Se trata de una tablilla de arcilla cuyo anverso y reverso tienen textos escritos en acadio que contienen descripciones geográficas y detalles sobre la creación del mundo. Bajo el texto del anverso, en un esquema representativo claramente diferenciado, se muestra un mundo circular, centrado en Babilonia y rodeado por una franja de Océano. Interpretar este mapa ha sido un reto constante desde que fue dado a conocer por el orientalista Felix Ernst Peiser en 1889. No solo porque la tablilla no se conserva completa, sino también porque resulta difícil (y en algún caso imposible) saber qué representan muchos de los detalles del mapa. Es cierto que se incluyen algunos topónimos que indican determinadas referencias, como Babilonia, que se muestra como un rectángulo horizontal en la sección superior del círculo; Susa, en el extremo inferior; y la zona de Urartu, en la parte superior derecha. Pero muchos de los elementos que contiene el mapa no pueden ser identificados a simple vista. Algunos de ellos son nombrados simplemente como «montaña», «ciudad» o «región», y otros ni siquiera contienen una indicación, como es el caso del rectángulo vertical que desciende por el centro del mapa e intercede con la forma horizontal identificada como Babilonia. ¿Qué representa ese rectángulo? Como en tantos otros aspectos de la Antigüedad, la posible respuesta está en Heródoto.

En sus *Historias,* escritas alrededor del 430 a.C., cuya lectura crítica supone uno de los grandes recursos que tenemos para conocer el mundo antiguo, Heródoto describe la ciudad de Babilonia, presentando un detalle que resulta fundamental:

> La ciudad tiene dos sectores, pues por su mitad la divide un río, cuyo nombre es Éufrates, que procede del país de los armenios; es un río grande, profundo y de curso rápido que desemboca en el mar Eritreo (*Historia,* I.180)[1].

Se sabe que, en su antiguo curso, el río Éufrates atravesaba la ciudad de Babilonia. Varios autores después de Heródoto también narraron que Babilonia estaba cruzada por el Éufrates; Diodoro Sículo y Lucio Flavio Filóstrato, entre otros, describieron el famoso túnel que la reina Semíramis ordenó construir para poder unir ambos sectores de la ciudad directamente bajo el río. Y varias excavaciones arqueológicas han encontrado yacimientos a ambos lados del curso antiguo del río. Todo ello ha llevado a los investigadores a identificar ese gran rectángulo vertical del mapa como el Éufrates, uno de los grandes protagonistas naturales del mundo antiguo.

---

[1] Heródoto, *Historia,* I., trad. de Carlos Schrader, Madrid, Gredos, 1977, p. 238.

Si tomamos por cierta esta identificación, se abre otra incógnita. ¿Dónde está el Tigris, el otro gran río del contexto babilónico? No lo podemos saber. De hecho, ni siquiera parece estar representado. No podemos conocer el motivo de incluir el Éufrates, pero no el Tigris en esta representación babilónica del mundo; el Tigris es una referencia lo suficientemente importante en la visión mesopotámica del mundo como para incluirla en un mapamundi[2]. Posiblemente nunca podamos encontrar una explicación del todo satisfactoria a esto. Quizá lo más adecuado es reconocer que el mapamundi babilónico arroja más incertidumbre que certezas.

Pero los secretos del mapa no se reducen a los lugares representados en su interior. Más allá de ese gran anillo externo de Océano, que el mapa denomina *marratu,* sobresalen unas figuras triangulares que reciben el nombre de *nâgu.* Tampoco ha habido unanimidad entre los investigadores en cuanto a la identificación de estas figuras; se ha propuesto que se trata de islas del Océano, de montañas más allá de los límites del mundo y de regiones extraterrenales de carácter cósmico. Hay teorías casi para todos los gustos.

Con todo, la pregunta clave que surge del mapamundi babilónico es una más básica: ¿qué significa este mapa? ¿Qué mensaje quiere transmitir, y cómo debe ser entendido? Se trata de otra cuestión que probablemente no llegue a tener nunca una respuesta definitiva. Algunos investigadores han afirmado que su función es la de representar las regiones más lejanas del mundo conocido según la cosmovisión mesopotámica. Otros han incidido en que muestra el papel de la geografía mítica en esa visión del mundo. Incluso hay autores, como el orientalista Paul Delnero, que han propuesto que el mapa responde a una representación dinámica, realizado para que se leyera en sentido antihorario, empezando por la sección superior izquierda del Océano exterior[3].

En cualquier caso, gran parte de la comunidad científica está de acuerdo en que la relación centro-periferia es una cuestión fundamental en el mapamundi babilónico. El centro, representado por

---

[2] No en vano, el propio topónimo Mesopotamia significa, literalmente, «tierra entre ríos», aludiendo a su localización geográfica entre el Tigris y el Éufrates.

[3] Paul Delnero, «A land with no borders. A new interpretation of the Babylonian Map of the World», *Journal of Ancient Near Eastern History* 4/1-2 (2018), pp. 19-37.

Babilonia (aunque la ciudad no se encuentra realmente en el centro del mapa). La periferia, conformada por el *marratu* y los *nâgu*. Babilonia como el centro no solo del mundo, sino de todo el universo. El punto del que irradia todo lo que existe. Esto no solo convierte el mapamundi babilónico en una imagen única de la cosmovisión mesopotámica, sino que lo pone en relación con una cuestión que comparten la mayoría de las culturas alrededor del mundo: la de su propia centralidad. El hecho de que una determinada cultura o civilización se represente a sí misma en el centro del mundo es habitual. Como afirmaba el antropólogo rumano Mircea Eliade, «nuestro mundo» se sitúa siempre en el centro. Esto incluso ha dado nombre a un término historiográfico, «el síndrome del ombligo» (en inglés *omphalos syndrome*), según el cual una determinada cultura se considera (y se representa) a sí misma en el centro del mundo, tanto a nivel simbólico como geopolítico. Uno de los nombres originales de lo que conocemos como la Isla de Pascua, en el océano Pacífico, es To Pito o Te Henua, que significa «el ombligo del mundo». La cosmología tradicional hinduista considera el mítico monte Meru el centro del universo, algo replicado, según diversas teorías, en el templo central del complejo de Angkor Wat en Camboya. Según el *Sad-dar,* libro fundamental del zoroastrismo, Irán es más valioso que el resto de los países porque se encuentra en el centro del mundo. Por su parte, el Templo Mayor de Tenochtitlan era considerado por los aztecas el centro absoluto de su mundo; no fue casualidad que los españoles establecieran ahí el llamado Zócalo, o Plaza de la Constitución, histórico corazón neurálgico de la actual Ciudad de México. Un elemento fundamental de la religión Tenrikyō, una de las más difundidas religiones modernas de Japón, es el Jiba, el lugar en el cual fue creada la raza humana, constituyendo por sí mismo el centro del mundo. Y es muy conocido el ónfalos, u ombligo del mundo, situado en el Oráculo de Delfos, centro absoluto de la Antigua Grecia.

Por tanto, si la centralidad es un elemento crucial en la cosmovisión de gran parte de las culturas alrededor del mundo, no sorprende que esas culturas se representen a sí mismas en el centro de los mapas. Veremos numerosos ejemplos al respecto a lo largo de este libro. La famosa Tabula Peutingeriana, copia del siglo XII de un original quizá realizado en el IV d.C., muestra el extenso itinerario de la red viaria de la Antigua Roma, una Roma cuya centralidad simbólica queda clara en el mapa. El mapamundi chino conocido como *Da Ming Hunyi Tu,* realizado durante la dinastía Ming (después de 1368) representa el mundo conocido en la época con China en el centro. Numerosos mapas del mundo medievales (aunque no tantos como se ha querido ver) muestran la centralidad de Jerusalén, ciudad esencial de la cosmovisión cristiana. Con la llegada de los portugueses a Japón en el siglo XVI, los lenguajes cartográficos japoneses se adaptaron a los recién llegados y empezaron a realizar mapamundis a la manera occidental, pero siempre con Japón en el centro. Y aún hoy tendemos a entender cartográficamente el mundo a través de la proyección de Mercator, creada en 1569 por el cartógrafo flamenco, que reserva el centro de la representación, el primer punto donde tendemos a destinar nuestra mirada, al continente europeo.

Por tanto, no es extraño que el mapamundi babilónico esté organizado en torno a la propia Babilonia. Tampoco lo es la presencia de elementos periféricos, esos referentes míticos, desconocidos, que conforman los *nâgu* y el anillo oceánico exterior. Porque donde hay un centro hay también una periferia. Y, muchas veces, es esa relación la que da sentido al mundo. Por tanto, el mapamundi babilónico no debe ser entendido como una exótica y extravagante pieza expuesta en una sala del Museo Británico, sino como una fundamental definición, tanto textual como gráfica, de la manera de entender el mundo en el contexto mesopotámico.

Ese mapamundi tampoco es un elemento desgajado, autónomo, sin relación con otras realidades culturales. Desde un punto de vista representativo y de organización del mundo, puede tener relación con las ideas geográficas de la Antigua Grecia. Más adelante veremos cómo la ciencia y la astronomía babilónicas pudieron influenciar en la Grecia del siglo VI a.C., aunque se trata de otra cuestión que se debate desde hace años en los círculos académicos, y es algo demasiado complejo para tratarlo de forma profunda en estas páginas. Lo que sí es evidente es que, aunque quizá no de manera general, el conocimiento geográfico de la Antigua Grecia y la concepción babilónica del mundo sí comparten algunos aspectos, entre ellos el de un anillo exterior de Océano que rodea el orbe. Y esto tendrá, como veremos, unas implicaciones fundamentales en el tema de este libro.

La concepción de un mundo rodeado por una franja exterior de Océano es uno de los elementos que unen la cosmovisión babilónica con diversas culturas alrededor del mundo, incluida la medieval. Está presente, sin ir más lejos, en la que se ha considerado la primera écfrasis[4] conocida de la historia, que, convenientemente, es también la primera posible descripción de un «mapa». No es casualidad que esa descripción aparezca en una de las piedras angulares de la cultura occidental: *La Ilíada* de Homero. En el canto XVIII de la obra se narra cómo Hefesto, dios del fuego, forja un gran escudo para Aquiles después de que Tetis, madre de este, le pidiera ayuda para facilitar una armadura al héroe. La extensa y detallada descripción de ese escudo, ciertamente compleja y con un profundo carácter simbólico, es una suerte de reflejo textual de la cosmovisión de la Grecia arcaica, una especie de vista cenital del mundo griego.

Homero describe un escudo construido sobre un soporte de oro, compuesto de cinco láminas que muestran un extenso nivel de información visual. El escudo representa la tierra, el cielo y el mar, incluyendo las imágenes de astros y constelaciones. En el interior del escudo, Hefesto crea una serie de escenas estrechamente relacionadas entre sí: dos ciudades (una en paz y la otra en guerra, siendo asediada por tropas externas), diversas escenas de agricultura, vendimia y pastoreo en un entorno rural, personajes realizando bailes en un contexto festivo… Todo ello dentro de un marco representativo cerrado externamente por una gran franja de Océano diseñada en una reluciente orla.

Ya desde la Antigüedad, interpretar el escudo de Aquiles ha sido una tarea compleja. Se ha dicho que se trata de un recurso poético de carácter más bien simbólico, incluso de cierta extravagancia. También se ha mantenido que, en realidad, es una presentación general de lo que conformaba el mundo en la Grecia arcaica, un estrecho diálogo entre el macrocosmos y el microcosmos, entre el cosmos y la polis. Una visión basada en conceptos contrapuestos, pero simbióticos: la ciudad en paz y la ciudad en guerra; el contexto rural y el urbano; tiempo de trabajo y el tiempo festivo. Y, en último tér-

---

[4] Se denomina écfrasis a la descripción textual o verbal de una representación visual, generalmente de una obra de arte.

mino, lo mundano y lo universal. Decía G. E. Lessing en su *Lao-coonte* que el escudo de Aquiles homérico es un resumen de todo lo que pasa en el mundo. Es una suerte de instantánea de la realidad, una realidad representada como un mapa cosmológico.

Como ya he señalado, el escudo de Aquiles es comúnmente considerado la primera descripción textual de una obra de arte del contexto occidental. Pero también puede considerarse la primera descripción de un mapa. De esta hipótesis se extraen dos conclusiones de gran interés: por un lado, que, al menos a nivel teórico, el primer tratamiento textual de una obra de arte es precisamente la de un mapa, lo que indica la simbiótica relación entre ambas disciplinas; y, por otro, que la obra homérica es una fuente esencial en lo que respecta al conocimiento geográfico en la Antigüedad, siempre teniendo en cuenta el innegable carácter poético y mítico de *La Ilíada*. No en vano, Homero era considerado el primer geógrafo por muchos teóricos griegos, y tanto *La Ilíada* como *La Odisea* se leían como fuentes incontestables no solo en geografía, sino también en otras disciplinas del saber como la historia y la retórica; no sin razón, ya Platón, en *La República,* afirma que Homero es considerado «el educador de Grecia» (*La República,* X.606), en una definición incansablemente repetida a lo largo de la historia. Los estoicos defendieron con vehemencia a Homero como el primer filósofo, el gran punto de partida del conocimiento antiguo, y, en su *Geografía,* Estrabón llega a afirmar que, para ser conocedor de muchos lugares, es necesario escuchar a los poetas, y de entre ellos fundamentalmente a Homero, que es la gran autoridad de la que se sirven «todas las personas educadas» (*Geografía,* I.4).

Pero no todos los autores griegos tomaron a Homero como una autoridad indiscutible en materia geográfica. En el siglo III a.C. Eratóstenes ataca directamente lo que podríamos llamar consideración científica de las aportaciones homéricas; según él (y eso es algo que desaprueba continuamente Estrabón, uno de sus principales críticos), la poesía no debe ser entendida más allá de lo que es: una invención, una extravagancia, una creación literaria que nada tiene de reflejo objetivo de la realidad; en palabras que le atribuye Estrabón a Eratóstenes, «cuentos propios de viejas» (*Geografía,* I.3)[5].

---

[5] Estrabón, *Geografía,* trad. de J. L. García Ramón y J. García Blanco, Madrid, Gredos, 1991, p. 252.

En cualquier caso, y más allá de polémicas sobre la validez de Homero como geógrafo, el escudo de Aquiles puede ser considerado, y así ha sido repetidas veces, una referencia fundamental de la representación cosmológica del mundo en la Antigüedad y del papel de los mapas como reflejo de esa cosmovisión. Es más, se trata de un elemento que, al igual que el mapamundi babilónico, conecta la remota Antigüedad con el contexto medieval y, de hecho, con un gran número de culturas y religiones en el mundo. Y esa conexión se vehicula con varias cuestiones, entre ellas (quizá de manera más clara) la presencia del Océano.

Un Océano transcultural

El hecho de que la orla externa del escudo de Aquiles esté conformada por un Océano circular alude a un elemento que resulta esencial en la cosmovisión de la Antigua Grecia. Homero, que lo llega a mencionar más de treinta veces en *La Odisea*, lo describe como un enorme río que rodea la Tierra, actuando de última e ilimitada frontera externa. Esto se convertiría en un elemento cohesionador fundamental en la forma de ver (y seguramente de representar) el mundo en el contexto griego, algo que, como veremos más adelante, será motivo de burla por Heródoto siglos después. En sus *Historias,* el griego se muestra escéptico en el hecho de que haya un enorme río que rodee el orbe: «no conozco la existencia de un río Océano y creo que Homero, o alguno de los poetas que ha habido hasta la fecha, inventó ese nombre y lo introdujo en la poesía» (*Historia,* II.23)[6].

Pero lo cierto es que en esto se equivoca. No fue Homero, ni ninguno de los poetas que indica Heródoto, el único (ni quizá el primero) que concibió la idea de un Océano que rodea la Tierra. De hecho, ni siquiera el nombre fue invención suya; se ha valorado la posibilidad de que, etimológicamente, el término Ōkeanos derive del fenicio *ma'uk* o del sánscrito *a-çayana,* conceptos ambos que aluden a lo que rodea el mundo. Ya hemos visto el papel de anillo externo que otorga al océano el mapamundi babilónico. Pero esto

---

[6] Heródoto, *Historia,* II, trad. de Carlos Schrader, Madrid, Gredos, 1977, pp. 303-304.

va mucho más allá, y está presente en muchísimas culturas alrededor del mundo. Nun, una de las principales deidades del Antiguo Egipto, es la personificación del Océano primordial, en el medio del cual, a la manera de una gran isla, descansa la Tierra. Según la cosmología hinduista, el mundo está dividido en una serie de continentes o islas, cada una de ellas rodeada por un gran Océano, cuya materia varía en función del continente que se trate. Según el folclore eslavo, el mundo se creó después de que un pájaro (enviado, según la versión, por Dios o por el diablo) se zambullera en el Océano primordial y regresara con un poco de barro, que se transformó en la Tierra. Según los cheroquis norteamericanos, el mundo es una gran isla que flota en el Océano, unida al cielo a través de cuatro cuerdas, cada una en un punto cardinal; cuando el mundo envejezca y se debilite, las cuerdas se romperán y se perderá en ese inmenso Océano.

Son solo unos pocos ejemplos que hablan del carácter transcultural de este concepto. A fin de cuentas, como afirmaría Estrabón siglos después, «que el orbe habitado es una isla es cosa que hay que aceptar, ante todo a juzgar por la percepción sensorial y por el conocimiento empírico» (*Geografía,* 1.I.8)[7]. Como argumentaba el propio Estrabón, lo último que han encontrado los seres humanos en cualquier dirección que han tomado ha sido océano. Y esto se traduciría, a lo largo de los siglos, en la representación visual de un mundo rodeado por una gigantesca masa de agua, una masa que, además, tenía un papel literalmente primordial, más allá de lo geográfico.

Porque, en las culturas de la Antigüedad, había, al mismo tiempo, un Océano como límite geográfico y un Océano como inicio temporal. Como nacimiento del mundo, en la forma de un océano primordial del que surge todo lo que existe. Homero llamó al Océano «la progenie de los dioses» (*La Ilíada,* 14.201), y, de hecho, en la mitología de la Antigua Grecia el titán Océano es hijo de los mismísimos Urano y Gea, es decir, del cielo y de la Tierra. La presencia de un Océano primordial anterior a la conformación del mundo en que vivimos es algo compartido por culturas como la egipcia, la babilónica y la de la Antigua Grecia, pero también por pueblos asiáticos, africanos, del entorno pacífico y del continente americano. Por tanto, cuando el Génesis, mucho tiempo después, afirma que,

---

[7] Estrabón, *Geografía,* I, trad. de J. L. García Ramón y J. García Blanco, Madrid, Gredos, 1991, p. 219.

en el principio de los tiempos, «el Espíritu de Dios se movía sobre la faz de las aguas» y que hizo que las aguas se juntaran en un lugar y permitieran la creación de la Tierra, no leemos otra cosa que la adaptación de una tradición que había viajado por siglos y siglos de relatos, narraciones y textos. Y esta cadena de préstamos e influencias, como veremos, conformará irremediablemente la concepción mental y gráfica del mundo en el contexto medieval.

LA CLAVE ESTÁ EN LA INTERMEDIALIDAD

Regresemos, de momento, a la Antigua Grecia. Volvamos a los mapas. Nos podremos preguntar: ¿qué mapas? ¿Cómo podemos acudir a ellos, a lo que nos ofrecen, sin que esos mapas existan, sin que, posiblemente, existieran en algún momento? En este caso, la literatura se convierte en una fuente esencial a la hora de acercarnos al uso y valor de los mapas en la Antigua Grecia: ante la falta de ejemplos directos, siempre nos quedarán las menciones en obras literarias y teatrales de la época. En la obra de teatro *Las nubes,* fechada en el 423 a.C., el ateniense Aristófanes, sin duda el gran autor de comedias de la Antigua Grecia, ofrece una poco velada burla de las doctrinas sofistas y socráticas imperantes en la Atenas de la época. El argumento gira en torno a Estrepsíades, un granjero preocupado por la gran afición que tiene su hijo Fidípides por las carreras de caballos. Arruinado por el alto coste de ese entretenimiento, Estrepsíades intenta convencer a Fidípides para estudiar en el Pensadero, paródico término acuñado por Aristófanes que hace referencia a la academia en la que imparten conocimiento los sofistas y Sócrates. Ante la negativa de su hijo, Estrepsíades decide acudir él mismo a la academia para aprender el arte de la persuasión. Mientras espera para reunirse con Sócrates, el granjero mantiene una conversación con un estudiante en la que hablan de diversas cuestiones geográficas y cosmográficas. Mientras el estudiante le explica el valor de la geometría para medir la Tierra, Aristófanes nos ofrece uno de los grandes testimonios literarios sobre la naturaleza de los mapas en la Antigua Grecia:

DISCÍPULO.— Y aquí tienes un mapa de toda la Tierra. ¿Ves? Aquí está Atenas.

ESTREPSÍADES.— Pero ¿qué dices? No te creo. No veo a los jueces en sus asientos.

DISCÍPULO.— Te aseguro que esto es la región del Ática.

ESTREPSÍADES.— *(Con sorpresa).* ¿Y dónde están mis vecinos del demo de Cicina?

DISCÍPULO.— Aquí los tienes. Y esta de aquí es Eubea. Como ves, se extiende a lo largo a una gran distancia.

ESTREPSÍADES.— Lo sé. La estiramos nosotros y Pericles. Y Lacedemonia ¿dónde está?

DISCÍPULO.— Vamos a ver… Aquí está.

ESTREPSÍADES.— ¡Qué cerca de nosotros! Volved a considerar si no sería mejor llevarla mucho más lejos de nosotros.

DISCÍPULO.— Eso no es posible.

ESTREPSÍADES.— Pues por Zeus os digo que os arrepentiréis[8].

No resulta exagerado afirmar que este es uno de los más valiosos fragmentos literarios que tenemos para intentar acercarnos al uso (y conocimiento) de los mapas en la Antigua Grecia, o al menos en la antigua Atenas. Si tenemos en cuenta que se trata de una obra teatral ideada para ser representada públicamente, nos muestra una cierta familiarización con el concepto cartográfico entre la sociedad ateniense. El público debía de saber lo que era un mapa, reconocerlo cuando lo veía; saber, al menos, lo que representaba y lo que contenía. Es más, debía conocer los significados simbólicos de la representación cartográfica. El hecho de que Estrepsíades, con su carácter práctico y alejado de toda concepción metafórica, sugiera alejar Lacedemonia (es decir, Esparta, gran enemiga de los atenienses) de Atenas en el mapa, pensando que de esa forma se alejaría también en el mundo real, apunta al sentido cómico de la obra, así como a la naturaleza semiótica de los mapas y de todo aquello que encierran. Que el público fuera capaz de reconocer este recurso cómico, al menos de manera teórica (la segunda versión de la obra, que es la que ha sobrevivido, no llegó a estrenarse) es un indicativo de gran importancia de que la sociedad ateniense conocía las implicaciones de un mapa. Ahora bien, el fragmento de *Las nubes* también incide en la idea de que los mapas no eran algo del todo cotidiano, sino

---

[8] Aristófanes, *Las nubes,* 205-220, ed. de Francisco Rodríguez Andrados y Juan Rodríguez Somolinos, Madrid, Cátedra, 1995, p. 40.

adscrito a un contexto determinado: el del conocimiento científico. A fin de cuentas, el mapa que le muestra el estudiante a Estrepsíades tenía un fin académico, de transmisión de un conocimiento destinado a unos pocos. Ese es el contexto mayoritario en que, según los datos que se conservan, se producían mapas del mundo.

De hecho, separar la geografía de la filosofía y de la literatura en la Antigua Grecia (o, incluso, durante gran parte de la historia) es un intento infructuoso. En el siglo I d.C. Estrabón lo dejó muy claro: «Si alguna actividad hay que sea propia del filósofo, precisamente lo es la geografía» (*Geografía,* I.1)[9]. Esto tiene una gran importancia en la cartografía, ya que su función básica es la de adaptar visualmente la información geográfica; no olvidemos que la principal razón de la representación cartográfica es una pregunta que tiene mucho de filosófica: ¿cómo es el mundo? Por supuesto, las respuestas a esta cuestión pueden ser (y han sido) de todo tipo, y, en este sentido, el factor cartográfico es clave. En el contexto de la Antigua Grecia, lo fue ya en el siglo VI a.C., cuando el milesio Anaximandro fue, según fuentes posteriores, el primero en interesarse profunda, metódica y científicamente por la forma y representación del mundo habitado.

ABRIENDO LAS PUERTAS DE LA NATURALEZA

Discípulo de Tales de Mileto, a Anaximandro se le han atribuido muchas aportaciones fundamentales en la historia de la ciencia y de la filosofía; se le ha considerado, entre otras precoces virtudes, el primer científico, el primer metafísico y el primer naturalista. Es más, se le consideró el primer autor de una obra sobre la naturaleza. Plinio el Viejo, en su *Historia Natural,* ya atribuía a una tradición establecida el hecho de que Anaximandro fue el primero que percibió la inclinación de la Tierra, considerando al milesio, con no poca vehemencia, «el que abrió las puertas de la naturaleza» (*Historia Natural,* II.8). En el siglo III d.C. (900 años después de su muerte), el griego Diógenes Laercio atribuyó a Anaximandro la invención de objetos astronómicos como el *gnomon*[10] (*Vidas y opiniones de los filósofos ilustres,* II.1), si bien ya Heródoto había de-

---

[9] Estrabón, *Geografía…,* cit., p. 207.

[10] El *gnomom* es una pieza alargada que indicaba, a través de la sombra proyectada sobre un plano horizontal, las horas del día y las estaciones del año.

jado claro que los griegos (él no llega a citar a Anaximandro) no habían inventado nada al respecto, sino que se limitaron a copiarlo de los babilonios (*Historias,* II.109).

Y es que, cuando valoramos las contribuciones de Anaximandro, no podemos dejar de lado el contexto geográfico en el que nació, creció y se formó, de la mano de Tales. Mileto, una de las ciudades que formó parte de la Liga Jónica, estaba situada en la actual Turquía, entre dos mundos que se retroalimentaban; era una ciudad griega, localizada en Asia Menor, portuaria, abierta al mar, que llegó a convertirse en una poderosísima potencia colonizadora en el siglo VI a.C. En este contexto, a Mileto llegaba una gran cantidad de conocimiento científico exterior, sobre todo desde el Próximo Oriente. Las teorías cosmológicas babilónicas, visibles en el mapamundi comentado al principio de este capítulo, fueron fundamentales en el desarrollo de la ciencia griega, así como la tradición de observación científica y metódica de los astros. La complejidad de determinar las influencias directas de la ciencia babilónica en el conocimiento griego del cosmos ya se ha comentado, pero parece claro que la ciudad de Mileto desempeñó un papel primordial en este sentido. Y Anaximandro, como buen jonio, no fue ajeno a estas influencias.

Volviendo a las contribuciones de Anaximandro, Diógenes Laercio es aún más específico en cuanto a sus logros cartográficos. Según Diógenes, el milesio fue el primero en delinear el perfil de la tierra y del mar en un mapa (*Vidas y opiniones de los filósofos ilustres,* II.1); esto lo convertiría en el primer autor acreditado que realizó un mapa con un método científico, a través del estudio, la observación y el cálculo. Después de Diógenes, otros autores continuaron con esta atribución, tales como Agatémero y Estrabón, convirtiendo a Anaximandro en un personaje esencial en la construcción del conocimiento astronómico y cartográfico a través de los siglos.

Pero debemos tener mucha cautela a la hora de considerar esas atribuciones como una verdad indiscutible. Sin duda, se trata de un conocimiento construido de manera muy indirecta, siglos (e incluso milenios) después de su época, con toda la problemática que ello entraña. Con los primeros autores de la Antigüedad que estudiaron la ciencia de los mapas ocurre lo mismo que con los propios mapas: sus escritos no se conservan. Lo que tenemos son menciones y tratamientos de autores posteriores que nos hablan de ellos. Eso significa que la historia de la cartografía antigua que ha llegado a nuestros días es más una historia de personajes que de marcos culturales; más de hitos que de contextos. Una historia más cercana a la narración de personajes y sus logros, a la doxografía, que a la práctica historiográfica que conocemos hoy día.

Por tanto, resulta muy complicado (incluso imposible) estudiar el contexto de creación y desarrollo de las representaciones cartográficas griegas más allá de una serie de nombres y contribuciones que conocemos parcialmente, muchas de cuyas obras nos han llegado en forma de fragmentos más o menos breves, pero casi siempre descontextualizados. Decía Fernand Braudel que los acontecimientos son el efímero polvo de la historia. En el caso de la representación cartográfica del mundo en la Antigüedad, ese polvo hace mucho que se esfumó. No sabemos qué obras se han perdido, como no sabemos si existieron contribuciones anteriores a la de Anaximandro, por lo que resulta fundamental, como en cualquier disciplina histórica, leer las fuentes de manera crítica, desprejuiciada y responsable. Tener en cuenta lo que significa el hecho de que un autor hable de otro, de forma secundaria, casi un milenio después de su vida, como resultado de una cadena perdida de referencias, menciones y atribuciones.

Con todo, Anaximandro siempre ha sido una figura muy presente en las historias de la cartografía occidental, así como de las ideas sobre el mundo, aquellas que surgen de la pregunta que he mencionado anteriormente: ¿cómo es el mundo? En esto tampoco ha habido unanimidad, al menos en el caso de Anaximandro; si bien Diógenes Laercio afirmaba que el milesio defendía una Tierra esférica, flotando en el infinito, otros autores como el cristiano Hipólito de Roma opinaba que Anaximandro creía en una Tierra más bien cilíndrica. Con todo, parece que los mapas realizados a partir de Anaximandro eran de forma circular, representando Asia, Europa y parte de África, y centrados en Grecia, más concretamente en Delfos. Este detalle resulta clave, porque muestra de qué manera se entendía el mundo no solo en el contexto de la Antigua Grecia, sino en gran parte de las culturas a lo largo y ancho del mundo.

PERO ¿CÓMO ERA EL MUNDO?

Según la cosmovisión griega, Delfos constituía no solo el centro del mundo, sino de todo el universo. El famoso oráculo situado en el templo de Apolo albergaba el ónfalo, la mítica piedra depositada por Zeus que marcaba el ombligo *(omphalos)* del universo. Por tanto, no es extraño que los mapas del mundo realizados en la Antigua Grecia estuvieran organizados en torno a un eje central que constituía acaso el lugar más importante del universo. Con todo, como ya hemos visto, no se trata de una especificidad única del contexto griego; todo lo contrario, es un hilo conductor entre un gran número de culturas.

El carácter circular de los mapas del mundo en la Antigua Grecia se atestigua, de nuevo, en menciones de diferentes autores. En un pasaje que se ha convertido en una suerte de cliché de la cartografía en la Antigüedad, Heródoto critica de forma burlona esta forma de cartografiar el mundo:

> Me da risa ver que ya ha habido muchos que han trazado mapas del mundo sin que ninguno los haya comentado detallada y sensatamente: representan un Océano que, con su curso, rodea la Tierra –que, según ellos, es circular, como si estuviese hecha con un compás– y dan las mismas dimensiones a Asia que a Europa *(Historia,* IV.36)[11].

Existen pocos testimonios tan claros e ilustrativos de cómo se representaba el mundo en la Antigüedad, al menos desde un punto de vista teórico. Un mundo circular, con Asia y Europa de tamaño similar y rodeado por el gran Océano, algo que remite de nuevo a la herencia babilónica y que, como veremos, seguirá estando presente en mapas del mundo durante siglos.

Asimismo, Heródoto, con su característico escepticismo, reconoce que le cuesta creer a aquellos que dividen el mundo en tres partes iguales, a saber, Asia, Europa y Libia (el norte de África). Según el historiador, incansable viajero, Europa tiene la misma longitud que Asia y Libia juntas, y tampoco puede compararse en anchura *(Historia,* 4.IV.42). Estas críticas indican la difusión de una determinada manera de representar cartográficamente el mundo en el siglo v a.C., así como el hecho de que, para una mente como la de Heródoto, marcada por lo racional, por aquello que podía ver y que, en cualquier caso, podía ser demostrado, los mapas

[11] Heródoto, *Historia,* IV, trad. de Carlos Schrader, Madrid, Gredos, 1977, pp. 316-317.

de la época estaban muy alejados de la representación de la realidad geográfica.

En sus páginas, Heródoto nos ofrece otros testimonios de gran importancia en lo que se refiere al uso y producción de mapas en la Antigüedad, en este caso desde el punto de vista histórico-político. En otro fragmento de sus *Historias*, el griego narra el episodio en el que Aristágoras, tirano de Mileto, marchó a Esparta para intentar convencer a Cleómenes de que se uniera a la revuelta que varias ciudades jónicas estaban realizando contra los persas. El objetivo era hacer ver al rey espartano que no sería difícil marchar contra los persas e invadir Susa, su capital; además, las riquezas de sus tierras era algo muy a tener en cuenta. Y el recurso que utilizó Aristágoras para apoyar su petición fue, precisamente, un detallado mapa del mundo; en palabras de Heródoto, «una lámina de bronce en la que figuraba grabado un mapa de toda la Tierra, así como la totalidad del mar y de todos los ríos» (*Historia,* V.49.1). Según este relato, el tirano milesio fue mostrándole a Cleómenes los pueblos que estaban subyugados a los persas:

> «Con los jonios, que están aquí, lindan ahí los lidios, que ocupan una región fértil y que poseen grandes sumas de dinero». Y, a medida que citaba esos pueblos, iba señalando su situación en el mapa de la Tierra que llevaba grabado en la lámina de metal. «Con los lidios», siguió diciendo Aristágoras «lindan hacia el este los frigios, que son estos de aquí» (*Historia,* V.49.5)[12].

Así continúa Aristágoras, mostrándole al espartano la amplitud de estos territorios, señalando las diferentes regiones, fronteras y pueblos que lo componen. Este fragmento indica el valor tanto informativo como persuasivo de los mapas, también en la Antigüedad. Una referencia visual que se torna esencial en la familiarización del espacio geográfico. En realidad, la propia naturaleza del mapa que llevaba consigo Aristágoras se convirtió en un arma de doble filo para sus planes: cuando, después de valorar la solicitud, Cleómenes pregunta al milesio cuántos días de camino hay desde el Egeo hasta la corte del rey persa Darío, este, con un innegable grado de ingenuidad, le dice la verdad: no menos de tres meses, información

---

12 Heródoto, *Historia,* V, trad. de Carlos Schrader, Madrid, Gredos, 1981, p. 87.

más que suficiente para que Cleómenes declinara la oferta y dejara a Aristágoras con la palabra en la boca. El mapa que portaba el milesio pecaba de aquello de lo que peca cualquier representación cartográfica, justo lo que hizo a Estrepsíades sugerir que el estudiante de la academia de Sócrates alejara Esparta de Atenas en *Las nubes:* es una representación práctica, informativa, pero engañosa, falta de escalas y de realidad.

Con todo, el mapa de bronce que menciona Heródoto en esta anécdota no era uno cualquiera. Tradicionalmente se ha mantenido que era un mapa realizado por Hecateo, que, justamente, es citado por Heródoto como el geógrafo que alzó la voz contra la idea milesia de rebelarse contra los persas (*Historias,* V.36.2). Hecateo es otro personaje clave en el conocimiento geográfico antiguo, así como en la representación cartográfica del mundo en la Antigua Grecia. Por un lado, porque actualizó el mapa de Anaximandro, reelaborándolo con nuevos datos y métodos; y, por otro, porque se le considera el autor del primer tratado de geografía, con un nombre que se convertiría en habitual: *Periodos gēs (Circuito de la Tierra).* Se dice que esta obra se acompañaba de un mapa, algo que parece haber sido más o menos habitual, y, organizado en dos partes, describía un mundo dividido entre Asia, Europa y África.

El *Periodos* de Hecateo, cuya descripción del mundo conocido empezaba en su extremo occidental (las Columnas de Hércules) para continuar una progresión hacia el este y terminar de nuevo en el noroeste de África, es un documento fundamental en la historia del conocimiento geográfico no solo antiguo, sino también, indirectamente, medieval. De esta obra de Hecateo solo nos han llegado breves fragmentos, en gran parte a través de las menciones del griego Esteban de Bizancio en su diccionario *Ethnika,* escrito en el siglo VI. Hecateo, definido por Agatemero como «un gran viajero», ofreció una admirada descripción del mundo en la que no faltaban razas y criaturas que terminaron en los mapas medievales, tales como los esciápodos[13]. Estas razas, para cuya descripción Hecateo se basa en Escílax de Carandia, navegante que parece haber explorado (y después descrito) Oriente bajo las órdenes del rey persa Darío I, se convertirían en una suerte de estereotipos etnográficos de lo desco-

---

[13] Los esciápodos era una raza que Hecateo localiza en Etiopía, y que tenían un pie tan grande que lo utilizaban como parasol colocándoselo sobre la cabeza.

nocido a lo largo de los siglos, sobre todo con su tratamiento por Plinio el Viejo en su *Historia Natural* (siglo I). Como veremos más adelante, estas criaturas estarían muy presentes en la cosmovisión medieval; poblarían los grandes *mappaemundi*[14], serían descritas en los tratados geográficos, protagonizarían bestiarios y catálogos de monstruos de gran éxito en Europa. A fin de cuentas, en una relación de influencias en ocasiones insospechadas, las descripciones del mundo y las formas de cartografiarlo siguen un camino que conecta contextos históricos, culturales y científicos que pueden estar, a primera vista, muy separados. Por eso es importante, en términos históricos, tener una visión amplia, global e interconectada en lo que se refiere a las ideas que cada época tiene sobre el mundo.

En el caso que nos ocupa, esas ideas no fueron estáticas. En la medida en que la representación del mundo conocido se basa en la información (directa e indirecta, real y mítica) disponible sobre él, los mapas se convierten en entes dinámicos, cambiantes, que dependen por completo de un contexto determinado, así como de las teorías geográficas que están detrás de su creación. Un ejemplo esencial de ello es una forma específica de entender y describir el mundo, que tuvo un gran éxito en la Antigüedad y se convirtió en un hilo conductor entre las ideas geográficas antiguas y medievales y, por tanto, las representaciones cartográficas de las respectivas épocas. Imaginemos un mundo dividido en cinco zonas paralelas que se separan entre sí en función del clima de cada una de ellas. Esos climas serán fundamentales, porque de ellos depende su habitabilidad. Así, las zonas más cercanas a los extremos de la Tierra, tanto en el hemisferio norte como en el sur, son inhabitables por su extremo y constante frío y reciben el nombre de zonas frígidas. Asimismo, las que se encuentran lindando con la zona central, las llamadas zonas tórridas, rechazan cualquier tipo de vida justamente por lo contrario, su inmenso calor. Eso hace que las únicas zonas que pueden ser habitadas son las que se encuentran entre las frígidas y las tórridas, una en cada hemisferio. Se dice que es una teoría ya planteada por Parménides de Elea en el siglo V a.C., pero tuvo una influencia enorme a lo largo de los siglos. Fue un motivo de debate muy recu-

---

[14] Como veremos en su momento, el término *mappamundi* (*mappaemundi* en plural) hace referencia a los mapas del mundo, algunos de gran tamaño, realizados a lo largo de la Edad Media.

rrente entre los teóricos tanto de la Antigüedad como de la Edad Media, ya que la teoría de un mundo zonal arrojaba más preguntas que respuestas: ¿cuál era la extensión de estas zonas?, ¿seguro que no habría razas habitando las zonas que supuestamente no podían ser habitadas? A fin de cuentas, nadie había cruzado hasta allí para comprobarlo. Es más, el hecho de que hubiera una zona habitable al otro lado del mundo, en el otro hemisferio, ¿significaba que allí vivía gente? Y, en ese caso, ¿quiénes? ¿Cómo serían? En este momento, de hecho, es cuando se desarrolla un concepto que seguimos usando hoy día: antípodas (ἀντίποδες), es decir, *anti-pous,* con los pies opuestos. En resumen, personas que caminan de forma enfrentada a nosotros, en el otro lado del mundo.

La teoría de la división climática del mundo, que, dicho sea de paso, no era del todo incorrecta, fue estudiada, analizada y comentada por muchos de los pensadores de la Antigüedad. De ella hablaron Aristóteles, Polibio, Posidonio, Crates de Malos y Estrabón, entre otros, y pasará al contexto medieval árabe y cristiano como una herencia directa del conocimiento antiguo. Pero de ello nos ocuparemos más adelante. De momento, quedémonos con la fundamental importancia de esas aportaciones sin las que no podemos entender las realidades cartográficas medievales.

Uno de los más conocidos estudiosos de las regiones climáticas que separaban el mundo fue, cómo no, Aristóteles (384-322 a.C.). En sus *Meteorológicos,* el filósofo defiende una Tierra claramente esférica, dividida en cinco zonas, siendo habitables dos de ellas: una en el polo norte (en el que vivimos), otra en el polo sur. Y, haciendo esto, ataca frontalmente los mapas realizados en la época:

> Por ello hoy día se dibujan de manera absurda los mapas de la Tierra: en efecto, dibujan la Tierra habitable con forma circular, pero eso es imposible, tanto con arreglo a lo observable como con arreglo al razonamiento (*Meteorológicos,* II.362b.13-15)[15].

Haciendo uso de su característico razonamiento lógico y basado en la experiencia y la observación, Aristóteles argumenta que un mundo habitable circular no es compatible con las zonas climáticas.

---

[15] Aristóteles, *Acerca del Cielo-Meteorológicos,* trad. de Miguel Candel, Madrid, Gredos, 1996, p. 334.

Así, el mundo habitado, en el marco de la esfericidad de la Tierra, tiene forma de tambor, única posibilidad lógica teniendo en cuenta el diseño geométrico del orbe. Asimismo, afirma que la distancia desde las Columnas de Hércules a la India, esto es, desde el límite occidental del mundo conocido hasta el oriental, es mucho mayor que la que hay entre Etiopía en el sur y la laguna Meótide (el mar de Azov, extremo septentrional del mundo en la época). Ahora bien, Aristóteles hace una matización que sería absolutamente fundamental siglos después: si no fuera por el Océano, las regiones de las Columnas de Hércules y de la India estarían conectadas, constituyendo una amplia zona habitada. Es más, en *Acerca del cielo,* obra muy relacionada con los *Meteorológicos,* Aristóteles afirma algo que, tiempo después, se convertiría en una de las justificaciones teóricas más importantes de la historia:

> Los que suponen que la región en torno a las Columnas de Heracles se toca con la región en torno a la India y que, de este modo, hay un único mar, no parecen suponer cosas demasiado increíbles (*Acerca del Cielo,* 298a.10-13)[16].

Esta afirmación sería utilizada siglos después por Cristóbal Colón para demostrar que navegar hacia las Indias por Occidente era factible, uniendo miles de años de referencias y estudios. Pero no nos adelantemos: nos interesa, de momento, el periodo en el que vivió Aristóteles. Un periodo que sería clave en la evolución de la imagen griega del mundo. Y el responsable de ello fue, precisamente, su discípulo más aventajado: el hijo de Filipo II de Macedonia, parte de cuya formación intelectual estuvo a cargo del filósofo estagirita a partir del año 343 a.C. Ese joven, de nombre Alejandro, se convertiría a la postre en un personaje clave en la historia de la humanidad, recordado para siempre como Alejandro Magno.

EL PENÚLTIMO GRAN HÉROE

En los años en que Alejandro estuvo bajo las enseñanzas de Aristóteles, este le transmitió al joven príncipe sus ideas básicas sobre

---

[16] Aristóteles, *Acerca del Cielo,* 162.

el mundo, claramente basadas en el estudio, la observación y la lógica; entre ellas, que la distancia desde las Columnas de Hércules hasta la India no era tan grande como tradicionalmente se había planteado. Aunque es bastante probable, no sabemos si Alejandro hizo uso de mapas durante su formación, pero sí parece lógico que tuviera contacto con ellos a la hora de aprender cómo era el mundo. De hecho, no fue solo Aristóteles quien le inculcó estas ideas; otro científico que desempeñó labores de tutor de Alejandro fue Menecmo, discípulo de Eudoxo de Cnido, una de las grandes figuras del conocimiento geográfico y cosmográfico antiguo, considerado el primero que realizó un globo celeste; por tanto, no resulta descabellado suponer que esas ideas llegaran a un joven Alejandro, retratado por fuentes posteriores como un muchacho ávido de aprender y de descubrir cómo eran aquellos lugares desconocidos para los griegos. En un fragmento de la *Vida de Alejandro,* Plutarco afirma, no sin cierto grado de licencia especulativa, que, cuando los embajadores persas llegaron a la corte de Filipo II, su hijo los dejó atónitos con el gran interés que mostraba por los detalles geográficos de Persia y del interior de Asia (*Vida de Alejandro,* 5.1-4).

De hecho, el conocimiento geográfico de aquellos lugares que serían conquistados por las tropas de Alejandro sería esencial en los planes imperiales del macedonio, que, según Quinto Curcio Rufo, «abarcaba en su ánimo proyectos sin límite» (*Historia de Alejandro Magno,* X.1.17)[17]. Los tratamientos de carácter heroico y mítico de la figura de Alejandro y de sus logros por autores posteriores (y, de hecho, por el propio Alejandro en vida) alimentaron la imagen de un general que se hizo con Asia iluminando, paso a paso, batalla a batalla, conquista a conquista, un territorio oscuro y desconocido, avanzando de forma progresiva por tierras del todo inexploradas. La realidad fue bastante diferente. Alejandro contaba con información previa de esos territorios; aun considerando con escepticismo la anécdota de Plutarco sobre el interés de un joven Alejandro por la geografía de Persia, es muy posible que, ya desde su formación, hubiera leído la descripción de Heródoto de Asia (una descripción algo superficial, eso sí). Al cabo de los años, una serie de expediciones de reconocimiento y estudio del espacio a conquistar le per-

---

[17] Quinto Curcio Rufo, *Historia de Alejandro Magno,* X.I.17, trad. de Francisco Pejenaute Rubio, Madrid, Gredos, 1986, p. 555.

mitieron una información más cercana y directa. El macedonio contaba con exploradores y geógrafos que le informaban sobre las características de ese enorme espacio del interior de Asia. Contaba también con bematistas[18]. Después de todo, la conquista y el control de Asia requerían un gran trabajo estratégico, para lo cual resulta esencial conocer los lugares que se pretendía recorrer desde un punto de vista práctico. Para Alejandro, conquistar el mundo requería investigarlo, y viceversa. El éxito implica conocimiento. Y ese conocimiento sería fundamental en la percepción (y, por tanto, en la representación) del mundo no solo en la Antigüedad, sino también (quizá, sobre todo) en la Edad Media.

Porque Alejandro Magno es, posiblemente, una de las figuras históricas más mitologizadas de todos los tiempos. Basta una rápida ojeada en cualquier librería o biblioteca para encontrar decenas de libros sobre sus dotes conquistadoras, su implacable personalidad y el carácter mítico de su figura. Ya desde su propia época, Alejandro tuvo como gran objetivo la proyección mítica de su propia imagen. De hecho, a lo largo de su vida tuvo la seguridad de contar con el beneplácito de los dioses; tras visitar el oráculo de Delfos, la profetisa le aseguró a Alejandro que era invencible, lo que le convenció para emprender la conquista de Asia; y cuando, al llegar a Frigia, logró romper el famoso nudo gordiano que, según la leyenda, había sido realizado por Gordias, monarca de la ciudad de Gordio, y era imposible de desatar, se originó una tormenta que fue interpretada por Alejandro como una evidencia del favor de los dioses. Es más, el rey macedonio no solo contaba con el beneplácito de las divinidades, sino que él mismo era una suerte de semidiós. No en vano, estaba relacionado con los dioses por línea familiar. El propio Alejandro se consideraba un heraclida, un descendiente directo de Heracles por parte de padre, lo cual le convertía en descendiente del mismísimo Zeus y de Alcmena. Por tanto, a través de sus acciones, sus representaciones iconográficas durante su vida y el tratamiento que de él se hace en fuentes inmediatamente posteriores, se produce un profundo proceso de deificación de su figura, una deificación que tiene mucho que ver con el descubrimiento (para el contexto helénico) de aquellos límites orientales del mundo conocido.

---

[18] Los bematistas eran expertos en el cálculo de distancias a través del número de pasos que daban.

En este sentido, Alejandro no dudaba en emular los logros de figuras divinas y heroicas como Dionisio y su supuesto antepasado Heracles. Como ellos, se erigió como civilizador de un mundo desconocido por medio de la fundación de ciudades. Como ellos, llegó a los extremos del orbe; de hecho, marchar hacia la India suponía, para Alejandro, seguir los pasos de Heracles y de Dionisio, ya que pensaba que ellos habían llegado a aquellas tierras. Y, como supuestamente habían hecho ellos, hizo construir altares para indicar hasta dónde había llegado. De hecho, la erección de altares y columnas para delimitar los confines del mundo (es inevitable pensar en las famosas Columnas de Hércules), de un imperio o de un reino no parecía ser algo extraño según las fuentes antiguas. Por ejemplo, en el siglo I d.C. Estrabón menciona la extendida tradición de algunos pueblos de levantar torres y columnas en lugares especialmente simbólicos (*Geografía,* III.5.5), algo que también afirman autores como Plinio (*Historia Natural,* VI.16) y Cayo Julio Solino (*Colección de Hechos Memorables,* 49.4). En el caso de Alejandro, la lógica era muy sencilla: si Hércules había llegado al límite occidental del mundo conocido y había colocado dos grandes columnas, para emular tal logro él tendría que hacer lo propio en el otro lado del mundo, en los límites orientales a los que había llegado. Estos altares formarían parte de una imagen del mundo que se mostraría, como veremos, en numerosos mapas a lo largo de los siglos, y que conectaría diferentes contextos culturales e históricos con el hilo conductor del conocimiento helenístico del mundo.

Esta imagen geográfica tiene mucho de mítica, al igual que la propia figura de Alejandro. Porque el macedonio tuvo como uno de sus grandes objetivos la deificación de su persona. De hecho, no solo emulaba los logros de los dioses y los héroes antiguos, sino que los superaba; según narran Arriano y Curcio, en los años 327-326 a.C. se propuso asediar la remota roca de Aornos, en el actual Punyab, ya que se decía que Heracles había sido incapaz de hacerse con ella. Como afirmó el historiador A. Brian Bosworth en una de las más reconocidas biografías del macedonio, «sus antepasados nunca estaban muy lejos»[19].

Ya mencionamos que Alejandro se consideraba descendiente directo de Heracles. De hecho, uno de los episodios más comentados

---

[19] A. B. Bosworth, *Alejandro Magno,* Madrid, Akal, 2005, p. 330.

de su vida, tal como nos narran determinadas crónicas, es su expedición hasta el famoso oráculo de Amón, en Siwa (Egipto), para consultarlo y conocer su destino. El oráculo, según hizo creer Alejandro a sus seguidores, le dio una información que resultaría esencial en la deificación de su figura: el macedonio era hijo del mismísimo Zeus, lo que lo convertía en una suerte de hermano extemporáneo de Heracles.

Este proceso de deificación y de mitologización de la figura de Alejandro está presente de forma casi continua en las obras que glorifican su vida y sus acciones... Y en los mapas. En la narración de sus aventuras en diferentes culturas vemos un diálogo constante entre realidad y mito: su encuentro con las valientes y temidas amazonas, cuya reina, según muchos de los autores posteriores, intentará tener un hijo con Alejandro, con el convencimiento de que será una suerte de superhombre dados los atributos de sus padres; su descubrimiento de los dos árboles parlantes del Sol y la Luna en un bosque sagrado de la India, que tenían el poder de adivinar el futuro y predijeron la muerte de Alejandro en Babilonia; su victoria contra el terrible y destructivo pueblo de Gog y Magog, al que logra encerrar en los extremos septentrionales del mundo; o su exploración de los fondos del océano en un artilugio que bien podría ser considerado un precedente del submarino. Todo ello aparecerá en mapas y en miniaturas iluminadas siglos después, y será un componente fundamental de la cosmovisión medieval. Se trata de historias que fueron adaptándose a lo largo del tiempo, convirtiendo a Alejandro Magno en un personaje mítico, heroico y épico, que no solo contribuyó al conocimiento geográfico del mundo, sino también a su representación en diferentes contextos cronológicos y culturales.

Pero el tiempo que le tocó vivir a Alejandro es un tiempo de expansión de las fronteras del mundo griego no solo hacia el este, sino también hacia el oeste, más concretamente el noroeste: el Atlántico Norte. En este caso, no fue directamente Alejandro quien amplió el conocimiento sobre el Océano occidental y sus islas, sino un navegante de la colonia griega de Massalia, actual ciudad de Marsella, que emprendió un viaje que nadie había hecho antes, y cuyas consecuencias aún resuenan. De nombre Piteas, era un personaje con unas profundas inquietudes científicas, sobre todo en el campo de la astronomía y las matemáticas. Si bien debió de ser alguien de cierta importancia, sabemos bastante poco de su vida, pero sí sabemos que se decidió a realizar algo que, en esa época, parecía una locura: atravesar el estrecho de Gibraltar para surcar el Atlántico hacia el norte navegando por las costas occidentales europeas.

Hacia el límite del Océano

Para entender la complejidad del plan de Piteas en el Mediterráneo del siglo IV a.C., hagamos un breve ejercicio de contexto histórico. El estrecho de Gades, conocido hoy como de Gibraltar, no era navegable por cualquiera. No solo por motivos físicos y mentales (se trataba de un espacio de navegación complicada, que infundía un gran temor a los griegos, ya que constituía la frontera entre el conocido *Mare Nostrum* y el enorme, oscuro y violento Océano exterior), sino porque estaba controlado, desde hacía siglos, por los cartagineses, que habían cerrado por completo el estrecho a la navegación comercial griega. Después de todo, la costa atlántica, tanto en su vertiente meridional como septentrional, no era un espacio del todo oscuro; tanto fuentes arqueológicas como literarias han demostrado actividad marítima ya desde los fenicios, y son conocidos los viajes de navegantes cartagineses como Hanón e Himilcón por la costa atlántica africana y europea, respectivamente. El control del estrecho por parte de los cartagineses suponía el control del comercio de materias primas de gran interés procedentes del Atlántico, como el estaño de las Casitérides, uno de los grandes pilares de la riqueza comercial de Cartago. Ello convertía el estrecho gaditano en lo que podríamos denominar, en términos geopolíticos modernos, un punto estratégico fundamental, fuertemente controlado y aislado a potencias competidoras. Por ello, que un griego massaliota se planteara burlar el control cartaginés para emprender una navegación por un Océano oscuro y desconocido era una temeridad.

De hecho, no se sabe bien cómo llegó a aguas atlánticas. Es poco probable que lo hiciera cruzando el estrecho de Gibraltar, por lo que es posible que viajara por tierra hasta la costa occidental francesa y de ahí se embarcara en un viaje a lo desconocido. Tampoco hay unanimidad en el motivo de la aventura. Hay quien ha defendido que Piteas intentaba tomar parte en el comercio de estaño y de ámbar, e incluso se ha planteado que, en realidad, fue enviado por el propio Alejandro para conocer las posibilidades de control del extremo occidente. En cualquier caso, en los años veinte del siglo IV, quizá en torno al 325 a.C., navegó rumbo al Atlántico Norte. Bordeó las costas francesas, pasando a las islas británicas y siguiendo hacia el norte hasta llegar a las Orcadas y, más importante, a una gran isla a seis días de navegación al norte de Britania (actual Gran Bretaña), rodeada de un mar congelado y sumida en una espesa materia marina que impedía a las naves avanzar. Piteas denominaría a esa remota y misteriosa isla Thule, pasando a conformar una referencia clave en la geografía y en la literatura antigua, medieval y moderna. Ha habido muchísimos debates sobre la posible identificación de Thule: ¿se trataba de Islandia?, ¿de Groenlandia?, ¿llegó Piteas a las islas del mar Báltico?, ¿o se trata, más bien, de una referencia más mítica que puramente geográfica? Este último caso no es muy probable, porque Piteas era, ante todo, un estudioso, un científico. Entre otros logros, estableció la posición exacta del polo celeste, así como la latitud de Marsella con una sorprendente precisión. Por medio de la observación y del cálculo matemático, determinó la latitud de los lugares del Atlántico Norte, basándose en la medición de la altura del Sol y de la duración de los días. De hecho, relató su viaje y sus descubrimientos científicos en un tratado, hoy perdido, que titularía *Sobre el Océano*.

Pero eso no evitaría que fuera considerado un farsante por algunos autores. Según ellos, lo que narraba era, sencillamente, imposible de creer. Decía Estrabón, cuyas aceradas críticas hacia Eratóstenes ya hemos mencionado, que Piteas «está considerado como gran mentiroso» (*Geografía,* I.4.3), sobre todo en lo que se refiere a la supuesta isla de Thule[20]. Según él, estaba demostrado que Piteas había dado datos erróneos en las dimensiones de Britania, así como en la distancia entre la isla y tierra firme y en la información sobre el norte de Europa; si había mentido sobre lugares ya conocidos por otras muchas personas, ¿por qué creer lo que contaba sobre una isla que nadie, a excepción (supuestamente) de él, había visto? Estrabón, citando a Polibio (otro gran escéptico del viaje de Piteas), deja bien claro que lo que el navegante había asegurado haber hecho, superar los límites del mundo y recorrer todas las lejanas e inhóspitas

---

[20] Estrabón, *Geografía…*, cit., pp. 374-375.

tierras del norte de Europa, «no podría creerse ni aunque lo dijera Hermes» (*Geografía,* II.4.1)[21].

En cualquier caso, aunque Piteas fuera considerado por algunos un personaje clave en el conocimiento geográfico y astronómico, y por otros un simple fabulador, su herencia estuvo presente en la representación del mundo por el resto de la historia. A lo largo de los siglos, la isla de Thule se convirtió en una presencia corriente en los mapas, y pronto traspasó el carácter geográfico para conformar una metáfora esencial del extremo norte, del territorio más lejano al que había llegado la humanidad. Es famosa la referencia que hace Virgilio al principio de sus *Geórgicas,* en la que asegura que el poder que depara a Augusto es tan inmenso que hasta la última Thule estará a su servicio (*Geórgicas,* I.30), algo que convertiría el sintagma *ultima Thule* en una suerte de lugar común a la hora de referirse a ese territorio lejano e inaccesible. Tanto los textos como los *mappaemundi* medievales y los modernos mapas del mundo reservaban un espacio en los insondables límites septentrionales del Atlántico a esta isla, que, según los teóricos, estaba sumida seis meses en la luz del día y otros seis en la oscuridad de la noche. En 1918, el esotérico alemán Rudolf von Sebottendorf creó la tristemente famosa Sociedad Thule, que tendría un papel de gran importancia en los orígenes del Partido Nacionalsocialista; no en vano, el esoterismo nazi consideraba Thule como el hogar originario de la raza aria. Y, en 2019, la NASA hizo pública la imagen del objeto más distante del Sistema Solar que se había explorado hasta el momento; el nombre extraoficial que se le otorgó, tras una amplia consulta pública, era el más adecuado que podía recibir: Ultima Thule. Así, el testimonio de Piteas, más allá del escepticismo que pudiera crear en algunos detractores posteriores, se convirtió en un hilo conductor que unió milenios de historia y de percepción del espacio por medio de un topónimo que pronto se convertiría en un símbolo de lo que está más allá. Es otro de los ejemplos que muestran un constante diálogo entre diferentes épocas, contextos históricos y culturas en la representación y construcción de las ideas geográficas, algo que será esencial en la comprensión medieval del mundo. Tanto Alejandro Magno como Piteas de Massalia desempeñaron un papel fundamental en esa construcción, así como en la

---

[21] *Ibid.,* p. 471.

pervivencia del mundo clásico y helenístico en la cosmovisión de la Edad Media.

El conocimiento del mundo en la Antigüedad (y, de hecho, a lo largo de la historia) responde a una cadena de referencias interconectadas cuyos eslabones son fundamentales para comprender el desarrollo de nuestra conciencia cartográfica. Uno de los casos más claros de esta cadena es el de un personaje griego para cuyo estudio debemos hacer un salto de varios siglos y viajar a una de las ciudades más bulliciosas, cosmopolitas y abiertas del mundo antiguo.

Alejandría, siglo I d.C. Una ciudad fundada, de hecho, por Alejandro Magno en el 331 a.c., cuya situación geográfica, en la costa de Egipto, le permitió estar directamente conectada tanto con el Mediterráneo como con Oriente. Su posición geoestratégica la convirtió en uno de los grandes centros del mundo antiguo, no solo en términos comerciales y culturales, sino también de conocimiento. Así, uno de los grandes símbolos eternos de Alejandría es su fundamental Biblioteca, una suerte de cliché a la hora de referirse a esta gran ciudad en la Antigüedad. La Biblioteca de Alejandría, fundada por Ptolomeo I, que heredó Egipto a la muerte de Alejandro Magno y dio comienzo a la famosa dinastía Ptolemaica, fue un auténtico hervidero de conocimiento e investigación. Nada de lo que diga sobre la Biblioteca será una novedad; a lo largo de sus más de seis siglos de historia, hasta que, después de una serie de incendios y ataques que fueron, poco a poco, hiriéndola de muerte (hace mucho que se demostró que el mito de un único gran incendio que acabó con ella no era más que eso, un mito), la Biblioteca de Alejandría se convirtió en un foco fundamental de la ciencia y la cultura de la Antigüedad. Un centro que albergó gran parte de todas las obras, tratados e investigaciones que existían en el mundo conocido. Algunos de los mayores intelectuales, literatos y científicos del mundo antiguo, tales como Apolonio de Rodas, Eratóstenes y Aristarco de Samotracia, fueron directores de la Biblioteca, y miles de personas ávidas de conocimiento visitaron sus dependencias durante siglos.

Uno de esos visitantes fue un personaje que, a la postre, se convertiría en una de las figuras más importantes no solo de la historia de la cartografía, sino también del conocimiento científico. Se llamaba Claudio Ptolomeo, y, a pesar de su apellido, no tenía ninguna relación con la dinastía que gobernó Egipto durante el periodo helenístico. Nació en la ciudad de Ptolemaida Hermia, en el sur de Egipto, a principios del siglo II, pero se sabe que vivió largo tiempo en Alejandría, y seguramente fue un asiduo usuario de la Biblioteca. Allí cultivó un amplio rango de disciplinas, desde las matemáticas a la óptica, pasando por la música, la química, la astronomía y, por supuesto, la geografía y la cartografía, materias que le reportarían una enorme fama durante siglos y llevarán a considerarlo un polímata, incluso hoy día.

Como resultado de la observación del cielo de Alejandría y de complejos y exhaustivos cálculos matemáticos, Ptolomeo escribió una suerte de catálogo de astros celestes, al que llamó *Sintaxis Matemática,* traducida al árabe como *al-Majisti* («el más grande»), nombre del que deriva el título por el que lo conocemos: *Almagesto.* Se trata de una compilación cosmográfica fundamental, de una enorme influencia en el conocimiento árabe y, posteriormente, el latino (fue traducida del árabe al latín en 1175), que cataloga y describe los astros, las constelaciones, los movimientos de los planetas alrededor de la Tierra, los equinoccios y solsticios, etc. Fue una de las principales fuentes en el conocimiento de los fenómenos celestes durante alrededor de 1.500 años; a los humanistas de los siglos XV y XVI les apasionaba poder contar con una obra escrita por un griego que condensara el conocimiento disponible en la Antigüedad, si bien ya era una obra muy consultada y admirada durante el contexto medieval.

Con todo, la gran obra de Ptolomeo, si tenemos en cuenta su influencia e implicaciones posteriores, es la que redactó como contrapartida del *Almagesto.* Si esta fue concebida como un catálogo de astros y fenómenos celestes, es decir, de lo que existe en el cielo, era necesario escribir uno sobre lo que existe en la Tierra; a fin de cuentas, lo celeste y lo terrestre formaban parte de la misma unidad sustancial. Así, se embarcó en un ambicioso proyecto al que denominó *Geographia,* una especie de inventario de referencias geográficas del mundo conocido, desde su límite occidental (las Islas Afortunadas) hasta el oriental (Sera y Cattigara, en el océano Índico). En realidad, no se trataba de un simple inventario catalográfico, sino de un auténtico tratado de geografía que ofrecía los fundamentos para describir el mundo y, sobre todo, representarlo cartográficamente.

Ptolomeo diferenciaba dos maneras de estudiar el mundo desde esa perspectiva: por un lado, la geografía, encargada de representar el mundo habitado y sus elementos de una forma general; por otro, la corografía, que ofrece una representación particular y más detallada de las diferentes regiones del mundo, que incluyera todo lo que contuvieran. Para clarificar esta idea, Ptolomeo utiliza un símil muy gráfico: la geografía sería algo análogo a la representación de nuestra cabeza, mientras que la corografía se ocuparía de lo que contenía (ojos, nariz, boca, etc.). Después de una extensa primera parte teórica, en la que no solo ofrece información para medir y representar el mundo, sino también aporta un largo listado de meridianos y paralelos, y explica cómo dibujar la ecúmene tanto en una superficie plana como esférica, la obra contiene una segunda parte en la que Ptolomeo presenta una enorme relación de nombres de diferentes lugares del mundo, con sus respectivos datos de latitud y longitud. Cerca de 8.000 topónimos que cubren todo el mundo conocido a mediados del siglo II. Por último, una tercera parte que, siguiendo lo planteado en los primeros capítulos de la obra, incluía una serie de mapas, tanto generales como regionales, de la ecúmene[22].

Por tanto, lo que está ofreciendo Ptolomeo a lo largo de su *Geografía* es una suerte de guía para realizar mapas. Unas instrucciones, extensas y algo complejas, para cartografiar el mundo. Si con la información contenida en el *Almagesto* se podía realizar un globo celeste, con la de la *Geografía* se podían crear imágenes cartográficas del mundo conocido, tanto a nivel general como específico; en esta idea está, por tanto, el origen de lo que conocemos como atlas, un libro que combina mapas generales del mundo con otros de las diferentes regiones que lo conforman. Tanto fue así que el término *atlas* fue acuñado a finales del siglo XVI por Gerardus Mercator, con su obra *Atlas sive cosmographicae meditationes de fabrica mundi,* que tomó a Ptolomeo como referencia principal.

Pero es muy probable que Ptolomeo no fuera el primero en tener esa idea. De hecho, una parte importante de su *Geografía* se basa en desacreditar a un cartógrafo anterior cuya obra no conocemos directamente: Marino de Tiro, nacido a mediados del siglo I, que creó el

---

[22] El concepto «ecúmene» hace referencia al mundo conocido en la época.

primer atlas del que tenemos noticia y que ya planteó las cuestiones propuestas por Ptolomeo. De hecho, si bien es crítico con Marino y se propone abiertamente actualizar su información y corregir sus errores, Ptolomeo no duda en considerarlo un gran geógrafo, una figura de importancia en el conocimiento antiguo sobre el mundo. No en vano, el egipcio se basa en un amplio catálogo de autores grecolatinos (no solo en Marino) para escribir su tratado; nada nace de manera autónoma, y el de la *Geografía* de Ptolomeo no es un caso excepcional. La *Geografía* contiene no pocos errores, y algunos de cierta gravedad desde nuestra perspectiva actual. Afirma, por ejemplo, que el océano Índico está cerrado, convirtiéndolo en un gran lago, algo que sería reproducido en los mapas del mundo que siguen la tradición ptolemaica durante siglos. También se equivoca en las distancias y coordenadas de varios lugares, así como en el establecimiento de diversos topónimos que se convertirían en un error común. Pero eso no disminuye la enorme importancia que tiene Ptolomeo en la representación cartográfica del mundo y en la información que se tiene de él durante gran parte de la historia posterior de Occidente y del Próximo Oriente, incluso en nuestra misma época. Porque el camino que toma la *Geografía* siglos después de la muerte de Ptolomeo es sinuoso.

En el siglo IX se traduce al árabe en Bagdad, en el marco de la política científica y cultural del califa abasí al-Ma'mún (786-833), que se propuso difundir y asimilar el conocimiento procedente de la Antigüedad, sobre todo griega. En realidad, esa política de adaptación y difusión de la ciencia, incluida la geografía, de otras culturas no era nueva en el contexto islámico. Ya al-Mansur (754-775), segundo califa de la dinastía abasí y fundador de Bagdad, se propuso atraer el conocimiento científico y literario persa y griego a su corte; no en vano, el Imperio sasánida había caído ante los musulmanes un siglo antes, y la ciencia del Próximo Oriente, lejos de ser subyugada o ignorada, se convirtió en una influencia consciente y activa para los sabios islámicos. Las elites estaban maravilladas por la efervescencia cultural oriental, y tuvieron como principal objetivo absorber el conocimiento que tenían a su disposición. Se estudiaron textos astronómicos persas, se invitó a intelectuales indios a Bagdad para que compartieran sus conocimientos y hubo un gran esfuerzo en traducir textos persas al árabe, algo que convirtió la capital abasí en el mayor epicentro del saber del momento.

Lo mismo ocurrió con el caso griego; por un lado, a partir del siglo VII las tropas islámicas habían arrebatado grandes territorios a los bizantinos, y la ciencia y cultura heredada por estos fue, a su vez, transmitida a aquellos. Por otro lado, muchas ciudades fundadas por Alejandro Magno, entre ellas la propia Alejandría, pasaron a estar en manos del Imperio islámico, y todo el conocimiento de la Antigua Grecia que Alejandro había difundido por gran parte de Oriente fue absorbido por los musulmanes. De este conocimiento formaban parte, por supuesto, las obras de Ptolomeo. El principal impulsor de la difusión de la obra ptolemaica en Bagdad y en el resto del Imperio fue al-Ma'mún; ordenó adaptar las distancias aportadas por el griego en su *Geografía* a partir de puntos de referencia geográfica árabes, tradujo la obra a ese idioma e hizo realizar un completo mapa del mundo que no ha sobrevivido, pero que, seguramente, habría seguido el modelo ptolemaico. Pero la cuestión fue más allá: el matemático, astrónomo y geógrafo persa al-Jwarizmī (más conocido en español como Al-Juarismi) no solo reprodujo la *Geografía,* sino que corrigió muchos de los errores de Ptolomeo, por ejemplo el carácter cerrado del Índico, y realizó mapas bastante más exactos que los de aquel, sobre todo de los territorios que en la época formaban parte del Imperio musulmán.

Mientras, los territorios cristianos de Occidente tenían otras preocupaciones. Pero eso no significa que, como se ha repetido hasta la saciedad, la *Geografía* de Ptolomeo desapareciera por completo de la faz de Occidente. Investigadores como Patrick Gautier Dalché han demostrado hasta qué punto el supuesto «redescubrimiento» de la obra en la Europa bajomedieval y la «ruptura» total con lo que se sabía hasta el momento es un mito. Es una idea que se ha utilizado hasta la saciedad para ejemplificar una contraposición posterior y artificial entre conceptos como «moderno» y «antiguo», «innovación» y «tradición», «real» e «imaginario», etc. Veremos después cuáles fueron las vías por las que llegaron los manuscritos de la *Geografía* a la Italia renacentista, pero en Europa hubo conocimiento (e influencia) de la obra desde mucho antes; de hecho, existen evidencias de la influencia de Ptolomeo en autores muy consultados en el periodo medieval, tales como Casiodoro y Jordanes, y podemos encontrar escolios y anotaciones en manuscritos del contexto carolingio que remiten a la *Geografía* de Ptolomeo. Por tanto, existía un conocimiento (más bien indirecto, eso sí) de la obra;

se sabía que había existido, se conocían partes de ella, se estudiaban, pero no se tenía constancia de un manuscrito completo de la *Geografía*.

En cualquier caso, el camino del conocimiento geográfico en la Edad Media, sobre todo en lo que respecta a la herencia grecolatina y, más concretamente, de Ptolomeo, no discurrió de forma paralela en diferentes contextos culturales, y esos contextos no se desarrollaron de manera desgajada unos de otros. En siguientes capítulos veremos cómo la visión del mundo en la Edad Media europea se alimentó de referencias, *a priori,* lejanas, tanto en el tiempo como en el espacio; las representaciones cartográficas se imbuyeron del recuerdo de referentes paganos antiguos y de otras culturas como la islámica y la del Próximo Oriente, y viceversa; las tradiciones representativas del Occidente cristiano alimentaron la visión del mundo de otras culturas. Un caso paradigmático es el de la pervivencia de Ptolomeo en la Sicilia del siglo XII, una isla que, bajo el gobierno del rey Roger II (1095-1154), se convirtió en un centro de florecimiento cultural y científico fundamental, situado a medio camino entre Oriente, Europa y África y, por tanto, con una gran influencia de diversas culturas mediterráneas. Roger II se aseguró de rodearse de los mayores sabios y estudiosos del momento, tanto cristianos como árabes y bizantinos. Uno de ellos fue el famoso al-Idrisi, figura esencial en la historia de la cartografía y principal deudor de la tradición ptolemaica en la Edad Media. Al-Idrisi realizó, a instancias de Roger II, una extensa descripción del mundo conocido acompañada de mapas, que finalizó a principios de 1154 y que ha pasado a la historia como *Kitab Rugar* o *El libro de Roger.* En esta obra, la influencia de la geografía de la Antigua Grecia está por todas partes: tanto en su estructura general (con tres partes diferenciadas, siendo la primera una aproximación general a la forma y dimensiones de la Tierra, una segunda que trata las diferentes zonas del mundo, y una tercera que se organiza a la manera de los itinerarios), como en la disposición de los mapas que acompañan al texto, que son conocidos como *Tabula Rogeriana.* Al-Idrisi se basa en un extenso catálogo de fuentes para la redacción y confección de su obra, pero dos de las más importantes proceden de contextos diferentes: por un lado, un greco-egipcio del siglo II como Ptolomeo y, por otro, un sabio cristiano del siglo V, ávido defensor del cristianismo y de su preeminencia sobre cualquier credo pagano: Paulo Oro-

Figura 2. Mapamundi bizantino de la *Geografía* de Ptolomeo, finales del siglo XIII. Biblioteca Apostolica Vaticana, Vaticano. Es el mapa más antiguo que se ha conservado de esa obra, que sería fundamental en el desarrollo del humanismo en el siglo XV.

sio, del cual hablaremos con más detalle más adelante. Por tanto, el *Kitab Rugar* y la *Tabula Rogeriana* son el resultado del diálogo entre diferentes culturas, distintas religiones y diversas formas de entender la realidad: una obra escrita por un musulmán, pero que toma como fuentes principales las aportaciones de un pagano griego y de un cristiano. Las realidades medievales, también en términos de descripción y representación del mundo, son mucho más complejas, dinámicas y transversales de lo que se ha querido ver.

Esta complejidad aumenta cuando el camino de la *Geografía* de Ptolomeo llega a su siguiente escala: la Constantinopla del siglo XIII. Aquí se produce un hecho clave en la historia de esta obra: la recuperación de un manuscrito de la *Geografía* por parte de Máximo Planudes, monje, gramático y traductor, personaje fundamental en la difusión del conocimiento grecolatino tanto en el Próximo Oriente como en Europa. En 1295, Planudes descubrió un manuscrito en buen estado de la *Geografía,* llevándolo a su monasterio y estudiándolo afanosamente. Siguiendo la guía de Ptolomeo, realizó los mapas que debían formar parte de la obra, los cuales faltaban en el manuscrito descubierto (Fig. 2). Pronto, la *Geografía* se hizo popular en el ambiente cultural y político de Constantinopla, hasta el punto de que el emperador Andrónico II Paleólogo encargó una copia para su disfrute personal. Tiempo después, el erudito Manuel Crisoloras (m. 1415), embajador del emperador Manuel II Paleólogo, estudioso y traductor de grandes clásicos de la literatura de la Antigua Grecia y principal responsable de la introducción de la cultura griega en la Europa del Renacimiento, tradujo al latín la *Geografía* durante su estancia en Florencia, donde había sido invitado por un grupo de humanistas para que les enseñara el idioma griego. Y, en ese momento, explota todo.

Los humanistas se quedan embelesados con la obra de Ptolomeo, que consideran un reflejo único de la grandeza del conocimiento antiguo que tanto admiraban. Los manuscritos de la *Geografía* corrieron por Europa como la sangre por nuestras venas. Se realizaron comentarios, versiones, correcciones, copias profusamente ilustradas. La *Cosmografía,* tal como también se conocía en la Europa del siglo XV, se convirtió en un auténtico *boom,* y toda persona de cultura debía hacerse con una copia de la obra, o al menos tener acceso a ella, algo que se acentuó con la implantación de la imprenta a mediados de siglo. De hecho, Ptolomeo fue una fuente esencial para

Cristóbal Colón, cuya copia personal de la *Geografía,* profusamente anotada, le sirvió de consulta de referencia para plantear la posibilidad de llegar a Asia cruzando el Atlántico, viaje cuyas implicaciones conocemos todos. Y ya he mencionado cómo, a finales del siglo XVI, Gerardus Mercator, responsable de la proyección cartográfica que lleva su nombre y de la que depende nuestra forma de ver los mapamundis, utilizó a Ptolomeo como referencia clave en su famoso *Atlas.*

Así, la *Geografía* de Ptolomeo recorrió un sinuoso camino de 1.500 años, un camino que quizás habría sido inesperado para él. Un camino en el que tomaron parte diferentes culturas, distintas realidades que se retroalimentan a lo largo de la Edad Media, tanto en Europa como en Oriente Próximo. La de la *Geografía* no es una ruta lineal, continua y con vías paralelas, sino un viaje lleno de vías perpendiculares, transversales y conectadas. El caso de la pervivencia medieval de Ptolomeo, tanto en la *Geografía* como en el *Almagesto,* es un ejemplo de que la construcción de ciertas tradiciones cartográficas en la Edad Media es el resultado del diálogo, e incluso de la colaboración, entre diferentes realidades culturales. Estas obras y su enorme influencia conectan Alejandría con Bagdad, Sicilia con Toledo, Constantinopla con Florencia, ciudades que conforman contextos sociales clave a la hora de difundir ese conocimiento.

La historia de la difusión de la obra ptolemaica nos muestra también la necesidad de derribar fronteras cronológicas, geográficas y culturales si queremos comprender un fenómeno tan complejo como el de la representación y concepción del espacio en la Antigüedad y en la Edad Media. En otras palabras, entender la idea que se tenía del espacio geográfico, tanto el más cercano como el más lejano, siempre teniendo en cuenta su dificultad y el reto que supone (un reto que, dicho sea de paso, no siempre se puede conseguir satisfactoriamente) es la mejor forma de entender una determinada cultura. Y, si lo hacemos, veremos hasta qué punto la cosmovisión medieval, una cosmovisión que se ha querido ver como algo desgajado del resto de las realidades históricas y culturales, guarda una estrecha, casi simbiótica, relación con otras realidades que le han dado forma. Y, en este sentido, la visión del mundo en la Antigüedad, desde Babilonia hasta Plinio, Ptolomeo y Orosio, tienen una influencia decisiva en la comprensión medieval de las realidades geográficas.

2. Roma

A finales del siglo VII, Northumbria era una de las regiones más remotas del mundo conocido para los europeos. Era un lugar inhóspito, lejano, salvaje, situado en el límite septentrional de una tierra, Inglaterra, ya de por sí periférica. En aquella retirada región, en una isla que ya los latinos consideraban un lugar separado del resto del mundo, un monje, enclaustrado en los muros del *scriptorium* de su monasterio, redacta unas líneas que le harán inmortal: «Mientras exista el Coliseo, existirá Roma; cuando caiga el Coliseo, caerá Roma; cuando caiga Roma, caerá el mundo». Ese monje, de nombre Beda, será uno de los grandes sabios de la Alta Edad Media, y esas vehementes líneas sobre la eternidad de Roma se convertirían en una de sus citas más referenciadas a lo largo de la historia.

Poco más de un siglo después, concretamente el 25 de diciembre del año 800, Carlomagno, rey de los francos que cada vez tenía un mayor poder en lo que hoy conocemos como Centroeuropa, fue coronado en la Basílica de San Pedro de Roma como *Imperator Romanorum* (emperador de los romanos), estrenando un título, el de emperador del Sacro Imperio Romano Germánico, que mantendría en su nombre la presencia simbólica de Roma hasta el final del Imperio, en 1806. Incluso, en un principio, se acuñaron monedas a la manera de la Antigua Roma, se desarrolló la cultura latina y se recuperaron los códigos jurídicos romanos.

A miles de kilómetros de allí, en una gran ciudad que tiempo después se convertiría en el centro de la cristiandad oriental, la elección de Carlomagno sería recibida muy negativamente. No en vano, esa ciudad, de nombre Constantinopla, había sido una de las capitales del Imperio romano, y, en realidad, lo seguía siendo. Era el centro del Imperio bizantino, unido directamente con la Antigüedad. Tanto los gobernantes como los ciudadanos eran muy conscientes de ser los herederos directos de aquel Imperio romano oriental creado en el 395. Hablaban griego, la educación de las clases altas estaba basada en textos griegos, y el conocimiento científico estaba directamente influenciado por la Antigua Grecia. Pero se llamaban a sí mismos *romaíoi,* romanos.

Esta identificación directa de Bizancio con la Antigüedad no dejaría de estar presente a lo largo de los siglos. Cuando, la madrugada del 24 al 25 de mayo de 1453, las tropas de Mehmet II se hicieron con la ya agotada Constantinopla, el sultán se hizo llamar *Qayser-i Rûm,* el César de los Romanos. El sucesor de los emperadores.

Son solo unos pocos ejemplos de que las palabras de Beda no eran una invención extravagante. «Cuando caiga Roma, caerá el mundo». Una frase lapidaria que ejemplifica que el mundo medieval está impregnado del legado romano. Roma sobrevive, en muchísimos aspectos, a los avatares del tiempo. Conceptos tan sonados y utilizados en la Edad Media (y aún hoy) como *translatio imperii* y *translatio studii,* que hacen referencia a la transmisión lineal del poder y del conocimiento de un imperio a otro, indican esta pervivencia de Roma en la Europa medieval. Pero esta cuestión no es tan sencilla; no se trata de una supervivencia intacta, virgen. No hablamos de una conservación museística de ese legado en el contexto medieval, sino de una adaptación dinámica, viva y coherente con las complejas realidades de la Edad Media. Distintas formas de la cultura y el conocimiento medieval adoptaron la herencia latina de diferentes maneras, muchas veces, eso sí, interrelacionándose entre ellas. Y, en este sentido, el conocimiento geográfico y su representación visual no fueron una excepción.

De hecho, volviendo a lo que mencionaba en el capítulo anterior, la centralidad geográfica y, por tanto, cultural e imperial de Roma se ha convertido en un recurso socorrido en la cultura popular. Expresiones habituales como «*Roma, caput mundo»* o «Todos los caminos llevan a Roma» poseen un componente geográfico que incide en la relación de Roma con el resto del mundo que conocían, y del resto del mundo con Roma. No es ninguna novedad que la herencia latina está constantemente presente, de una forma u otra, en el contexto europeo medieval, al igual que también está presente, de diversas maneras y con diferentes intensidades, la de la Antigua Grecia y la de culturas como la islámica y la judía. Como veremos, tanto las descripciones geográficas como los mapas medievales constituyen una suerte de reflejo de la tardoantigüedad, una conexión directa con una herencia viva que es adaptada, interpretada y analizada, pero que siempre está presente. El conocimiento geográfico medieval, así como el moderno, depende directamente de nombres como Salustio, Lucano, Dionisio Periegeta, Plinio el Viejo, Marciano Capella, Macrobio, Solino y muchos otros. De ellos, y de su pervivencia en siglos posteriores, hablaremos en este capítulo. Porque para entender la cosmovisión medieval resulta fundamental entenderlos a ellos.

El mundo y Roma

Pero antes, conviene plantearnos un par de preguntas esenciales: ¿cómo se representaba el mundo en el contexto latino?, ¿qué ideas se manejaban sobre él? En este caso se repite el problema de épocas anteriores: la escasez de ejemplos. No conservamos mapas del mundo realizados en la Antigua Roma. Es más, la *Tabula Peutingeriana,* uno de los pocos mapas que conocemos y del cual hablaremos más adelante, no es otra cosa que una copia medieval de un original fechado, según la opinión mayoritaria, en el siglo IV; técnicamente, no es un mapa romano propiamente dicho, por mucho que se lo considere como tal.

Eso no quiere decir, nuevamente, que no hubiera mapas en absoluto. Se ha dicho repetidas veces que la representación del espacio en la Antigua Roma es una representación, sobre todo, pragmática. A través de su uso por figuras fundamentales del desarrollo práctico del Estado romano como los agrimensores, los mapas cumplían funciones más terrenales que las filosóficas disquisiciones teóricas realizadas por los pensadores de la Antigua Grecia. En Roma hablamos más de mapas catastrales, militares, comerciales y vinculados a los viajes e itinerarios que al resultado gráfico de la pregunta «¿cómo es el mundo?». Conservamos fundamentalmente los primeros, aquellos que tenían mucho más que ver con una organización práctica del espacio. Pero mapas generales del mundo, que muestren claramente una determinada cosmovisión, no están entre las evidencias físicas que han sobrevivido. Como veremos, en ocasiones los ejemplos que se han denominado «mapas» de la Antigua Roma probablemente ni siquiera fueran mapas. Pero eso no significa que no existieran, como tampoco significa que la concepción geográfica (y cartográfica) romana no tuviera presencia en siglos posteriores. Todo lo contrario: la difusión del conocimiento geográfico en la Edad Media no podía haberse dado sin la supervivencia de obras, ideas y representaciones propias de la Antigua Roma.

Ahora bien, aunque el carácter más utilitario de los mapas en este contexto es evidente, también es cierto que debemos matizar esa idea de contraste con el pasado griego. Entre otras cosas, porque lo griego ni siquiera formaba parte del pasado. Mientras la República romana se expandía cada vez más por la península itálica y por el Mediterráneo, terminando por subyugar a las polis griegas y a Macedonia, la cultura y conocimiento helenísticos gozaban de gran consideración entre la alta sociedad republicana. En el conocimiento geográfico latino fueron fundamentales las aportaciones de griegos como Hiparco, Posidonio (cuya escuela en Rodas fue visitada por figuras clave de Roma como Pompeyo y Cicerón) y Estrabón, quienes fueron considerados como algunas de las mentes más preclaras del conocimiento romano. De hecho, grandes intelectuales del contexto griego incluso pasaron una parte importante de su vida en la ciudad de Roma. Polibio, cuyas fundamentales *Historias* incluyen una extensa descripción de Europa que tiene una gran importancia en el conocimiento cartográfico antiguo (en el capítulo anterior mencionamos sus críticas a la narración de Piteas), fue llevado como rehén a Roma alrededor del 168 a.C., permaneciendo en la ciudad durante diecisiete años, formando a los hijos de la aristocracia romana y transmitiendo su conocimiento geográfico a las elites de una República en constante crecimiento. En la misma época (alrededor del 164 a.C.), estuvo residiendo en Roma Demetrio de Alejandría, un griego al que Diodoro Sículo se referirá como *topographos,* término con una traducción compleja, pero que remite a algo parecido a un ilustrador de paisajes, aunque también podía haber sido creador de mapas topográficos.

Por su parte, tenemos al gramático Crates de Malos, una figura fundamental en la representación cartográfica del mundo en la Antigüedad. Nacido en la región griega de Cilicia, en el sur de Anatolia,

Crates despuntó como director de la Biblioteca de Pérgamo, un centro del conocimiento de primerísimo orden en el mundo mediterráneo, solo superado por su mítica biblioteca rival de Alejandría, y con muy buenas relaciones con Roma. Narra Estrabón, principal fuente sobre la figura y obra cartográfica de Crates, que mientras estaba en Roma estudiando la Cloaca Máxima alrededor del 168 a.C., el griego sufrió un accidente y se rompió la pierna. No le quedó otra opción que quedarse en Roma una temporada, durante la cual aprovechó para impartir una serie de lecciones que tuvieron una gran influencia en los círculos cultos de la urbe.

En términos cartográficos, Crates de Malos pasó a la historia gracias a su globo terráqueo. El globo, por supuesto, está perdido, y lo conocemos solo gracias a descripciones posteriores, fundamentalmente de Estrabón, y de escolios sueltos y parciales de su obra. Gran defensor de la preeminencia de Homero en el conocimiento geográfico del mundo, Crates creó el globo terráqueo para ilustrar determinados pasajes de *La Odisea*. Según los testimonios, el globo, influenciado también por la geografía de Eratóstenes, representaba el mundo dividido por dos bandas, una de norte a sur y otra de este a oeste, división que formaba cuatro grandes continentes. Así, en el hemisferio norte estaba la ecúmene y, al oeste, al otro lado de la franja que los separaba, los *perioikoi*[1]. Por su parte, en el hemisferio sur, de manera análoga y simétrica, estaban las ya mencionadas antípodas y, al oeste, los *antioikoi*[2]. Como ya había planteado la teoría de las zonas climáticas explicada en el capítulo anterior (con la cual las ideas geográficas de Crates guardan una estrecha relación), de la existencia de otros continentes situados en otra parte desconocida del mundo se desprendía que podía haber zonas habitadas a las que la humanidad no había llegado, y a la que quizá no llegaría nunca. Una cuestión que se convertiría en un tema de debate intenso y, por qué no decirlo, espinoso en algunos aspectos. Autores muy posteriores como Macrobio, san Agustín, Orosio, Isidoro de Sevilla, Roger Bacon y Pierre d'Ailly, por citar solo unos pocos ejemplos, teorizaron sobre esa supuesta cuarta parte del mundo. El hecho de que existiera o no, de que fuera una zona inaccesible o simplemente muy lejana, de que tuviera conocimiento del

---

[1] Los periecos eran aquellos que habitaban las zonas cercanas.
[2] Los antiecos eran quienes habitaban las zonas en el extremo opuesto.

resto del mundo, fue motivo de discusión científica, teológica y filosófica durante siglos, algo visible tanto en textos como en mapas a lo largo del tiempo. Pero ya llegaremos a ello. El caso es que el globo de Crates, con una gran conexión con la herencia homérica y con ideas geográficas anteriores, tuvo una gran presencia en Roma, quizá porque, como afirma Jerry Brotton, «era una fascinante combinación de las tradiciones establecidas de la geometría griega con la etnografía que se desarrollaba en la República romana»[3].

Estos son solo unos pocos ejemplos de que, en términos de conocimiento y representación geográfica, no hay ruptura entre Grecia y Roma. En escasas épocas de la historia existe una ruptura categórica e incontestable con las realidades precedentes; las evidencias suelen mostrar que la realidad es bastante más compleja que una simple sucesión lineal de formas de ver el mundo. En el caso que nos ocupa, lo que existe entre la herencia griega y el contexto latino es, sobre todo y durante mucho tiempo, un diálogo, una convivencia. Una suerte de eslabón que mira tanto al pasado como al presente. Porque la representación cartográfica del mundo en la Antigua Roma está muy relacionada con el desarrollo del Imperio, la gestión y conocimiento del territorio y su evolución, pero también al uso educativo, literario y simbólico de los mapas y de la geografía. Y todo ello tendrá una gran influencia en los mapas realizados, siglos después, en la Europa medieval.

Pero vayamos por partes. Ya he dicho que el pragmatismo es un concepto estrechamente asociado a los mapas realizados en la Antigua Roma. Los pocos artefactos que han llegado hasta nuestros días y que han sido identificados como «mapas», u objetos con un cierto carácter cartográfico, son una expresión de este pragmatismo: planos urbanos y catastrales, mapas usados como documentos jurídicos, etc., algo claramente alejado del carácter académico y cerrado de gran parte de los mapas griegos. En este contexto, quizá los objetos más relacionados con un conocimiento práctico del territorio sean los itinerarios.

---

[3] Jerry Brotton, *Historia del mundo en doce mapas,* Barcelona, Debate, 2014, pp. 65-66.

¿ES REALMENTE ROMANA LA *TABULA PEUTINGERIANA*?

En realidad, resulta problemático definir los itinerarios como documentos cartográficos. Básicamente, se trata de relaciones de lugares situados en una determinada ruta entre dos puntos. Es decir, listas de topónimos, que podían incluir las distancias y, en ocasiones, descripciones de los lugares. Por tanto, los itinerarios no siempre pueden ser considerados mapas propiamente dichos; los conocidos como *Vasos de Vicarello,* datados en el siglo I a.C., son el caso más antiguo que se ha conservado, y muestran los nombres y distancias de las paradas que realizar en un viaje de Gades a Roma. El famoso (y de gran relevancia) *Itinerario de Antonino,* fechado en el siglo II d.C., señala textualmente las abundantes rutas del Imperio, una obra que, a juzgar por la abundancia de manuscritos medievales que la reproducen (sobre todo en el contexto carolingio del siglo X), tendrá gran influencia en el conocimiento geográfico medieval. Siglos después, como veremos más adelante, el *Anónimo de Rávena* (siglo VII) se basaría en estos itinerarios textuales para describir el mundo conocido de una manera que sería clave en el contexto medieval (especialmente el bizantino), con la mención de unos 5.000 topónimos. Hablamos, básicamente, de listados de lugares y rutas con un carácter eminentemente práctico, y difícilmente podemos considerarlos mapas. Pero eso no significa que no fueran documentos de primer nivel para la realización de mapas, y, de hecho, ya desde el siglo pasado los investigadores diferenciaban entre los itinerarios escritos y los diseñados en forma de mapas, aunque también es cierto que no existen demasiadas evidencias de que los itinerarios gráficos, también conocidos como *itineraria picta,* fueran algo habitual en la Antigua Roma. Sea como fuere, tanto si hablamos de listas, de textos y de representaciones cartográficas, se trata de creaciones con una clara naturaleza utilitaria e informativa que será bien visible en el contexto medieval.

En este sentido, quizá el caso más paradigmático sea el que ha llegado a nuestros días con el nombre de *Tabula Peutingeriana,* que ya se ha ido mencionando a lo largo de este libro. Llamado de esa manera en honor al humanista alemán Konrad Peutinger, al que fue donado el mapa en 1507, la *Tabula Peutingeriana* es un enorme rollo compuesto por once sábanas de pergamino, que, extendido, mide más de seis metros y medio, aunque actualmente sus diferentes sábanas se muestran de manera separada. Representa, por medio de alrededor de 4.000 topónimos y detalles gráficos, una amplísima imagen del mundo romano, desde Hispania y las Columnas de Hércules en el extremo occidental (única sábana que no se conserva, y que conocemos gracias a una reproducción que hizo Konrad Miller en el siglo XIX) hasta la India en el límite oriental.

La *Tabula* es una de las joyas de la Biblioteca Nacional de Austria, que la conserva desde que el emperador del Sacro Imperio Carlos VI comprara la biblioteca del Príncipe Eugenio de Saboya en 1738. El mapa se ha estudiado como un ejemplo único de cartografía antigua, específicamente del carácter práctico del conocimiento geográfico (tanto textual como visual) de Roma. Es más, se ha llegado a considerar como una suerte de ventana del mundo romano; cuando, en el 2007, la Biblioteca Nacional de Austria solicitó su inclusión como Patrimonio de la Humanidad por la UNESCO, lo justificó con el argumento de que se trata del único mapa conservado que muestra el *cursus publicus,* es decir, el transporte estatal del Imperio romano. Un argumento bastante convincente, ya que la *Tabula* pasó a formar parte rápidamente del Programa de la Memoria del Mundo de la UNESCO ese mismo año.

La *Tabula* es un documento esencial para estudiar el mundo tardoantiguo, pero hay un detalle que resulta fundamental en la consideración de este mapa, sobre todo si tenemos en cuenta el hilo conductor de este libro. La *Tabula* también es una referencia indiscutible en la pervivencia medieval de la Antigua Roma. Se trata de una relación literalmente simbiótica entre ambos contextos; técnicamente no estamos hablando de un mapa originalmente romano, sino de una copia medieval de un original romano, realizada alrededor de principios del siglo XIII. De hecho, se ha planteado que, en realidad, hubo más copias medievales de la *Tabula,* y que este documento tuvo una estimable presencia en el conocimiento geográfico medieval. La investigadora Emily Albu ha ido más allá y ha propuesto que el modelo original ni siquiera era romano, sino carolingio; esto lo convertiría, más allá de su contenido, en un producto única e innegablemente medieval, aunque la teoría de Albu no parece satisfacer a todo el mundo.

En cualquier caso, lo que sí resulta más claro es que los abundantísimos detalles que encierra el mapa muestran una visión romana, imperial, del mundo. Pero esto no significa que sea una visión virgen, intacta, de la geografía del Imperio; en la medida en que un mapa es un documento dinámico, con una vida propia que le es otorgada por las personas y los contextos culturales que se relacionan con él, en la *Tabula* podemos ver trazos que atestiguan el paso del tiempo y la acción de esas personas. Tanto es así que los referentes medievales o, al menos, con una perspectiva cristiana, son abundantes en el mapa; hay detalles de geografía bíblica, como la referencia a la travesía de cuarenta años de Moisés y «los hijos de Israel» por el desierto del Sinaí, y, sin ir más lejos, en la *Via Triumphalis* de Roma un edificio que podría ser una iglesia se acompaña de una inscripción que hace referencia a San Pedro: *ad Sancti Petrum.* Esto, a decir verdad, no contradice el discurso imperial del mapa, ya que el decreto del emperador Teodosio del 27 de febrero de 380 había hecho del cristianismo la religión oficial del Imperio. Pero en la *Tabula* también hay claras adaptaciones a los tiempos, como una forma de identificar la información expuesta en el mapa con el contexto del observador: por ejemplo, cerca de los topónimos *Regino* e *Ivavo* se pueden leer inscripciones de los nombres modernos de esos lugares: *Regenspurg* (Regensburg o Ratisbona) y *Salzpurg* (Salzburgo), que alguien introdujo para relacionar el pasado de esos lugares con su presente. Así, en la *Tabula* vemos un estrecho diálogo anacrónico entre el pasado romano y diferentes momentos históricos, culturales y religiosos que lo sucedieron. Una suerte de ente vivo, que evoluciona, que responde a un determinado contexto, y que hace que su estudio e identificación incuestionable sea casi tarea imposible.

Porque, en realidad, no se sabe mucho de la *Tabula Peutingeriana,* y hay muchas cuestiones en las que la comunidad científica no se ha puesto de acuerdo. Sin ir más lejos, su datación y el origen del modelo. Si bien la opinión más extendida es que se trata de un original del siglo IV, hay opiniones para casi todos los gustos: desde el siglo III a.C. hasta el periodo carolingio, como hemos visto. Tampoco hay unanimidad en la naturaleza de la *Tabula:* se ha dicho que representa el *cursus publicus* romano, una suerte de mapa de carreteras de la Antigua Roma. Se lo ha relacionado con el polémico mapa de Agripa, en el sentido de que muestra la dominación romana del mundo conocido. De hecho, en realidad tampoco hay un consenso general en que se trate de un itinerario; algunos investigadores han argumentado que el mapa no muestra la información oportuna para que pueda ser considerado como tal. Se ha defendido, por el contrario, que en realidad es un mapa corográfico, en el sentido que le daba la Antigüedad al término: la representación concreta de diferentes regiones del mundo.

Sea como fuere, lo que parece mostrar la *Tabula Peutingeriana* es un complejísimo mosaico de referencias e información visual, toponímica y geográfica de un enorme espacio que, en realidad, va más allá de las posesiones del Imperio romano: el mapa incluye zonas y regiones que nunca estuvieron bajo el Imperio, como el área al este del río Éufrates. Por tanto, hay algunas incoherencias que hacen complicado, como hemos visto, el análisis completamente fehaciente e incontestable de la *Tabula*. Pero sí hay algunas cuestiones muy claras: su carácter, como mínimo, dialogante entre la Antigüedad y la Edad Media, la complejidad informativa que nos ofrece (algo que lo convierte en un documento absolutamente fundamental no solo en términos cartográficos, sino también históricos, arqueológicos, topográficos, etc.), y la innegable representación de la centralidad del Imperio romano. Dentro de la confusa maraña de vías, topónimos, edificios, monumentos, poblaciones, ríos, montañas, bosques, puertos e islas, tres ciudades captan la atención del espectador de forma inmediata: Roma, Constantinopla y Antioquía, que aparecen personificadas a la manera de los *tyche* antiguos, aquellas personificaciones de la fortuna realizadas en el contexto grecolatino. Por supuesto, la primera de ellas está por encima de todas las demás. Roma como *caput mundi,* personificada como una mujer entronizada, coronada, con un cetro, un escudo y portando una esfera que, muy probablemente, representa el mundo (Fig. 3). Como veremos más adelante, este motivo iconográfico (el globo como indicación de poder universal) será uno de los grandes detalles que indican la naturaleza simbólica (y transcultural) del objeto cartográfico. En la *Tabula,* Roma es el elemento central por antonomasia. No porque se sitúe en el centro de la representación (de hecho, no lo hace), sino porque de ella surgen las principales vías del Imperio. El río Tíber, procedente del Mediterráneo (en el que se representa, por cierto, un gran puerto de Ostia), irrumpe en la ciudad, la cruza y riega una parte importante del norte de la península itálica. La propia ciudad, con su aspecto amurallado de forma circular, se muestra ante el espectador como una suerte de astro del que irradian las vías principales. Un astro que, simbólicamente, ilumina el mundo conocido. Esto relaciona la *Tabula* con la tradición, ya ana-

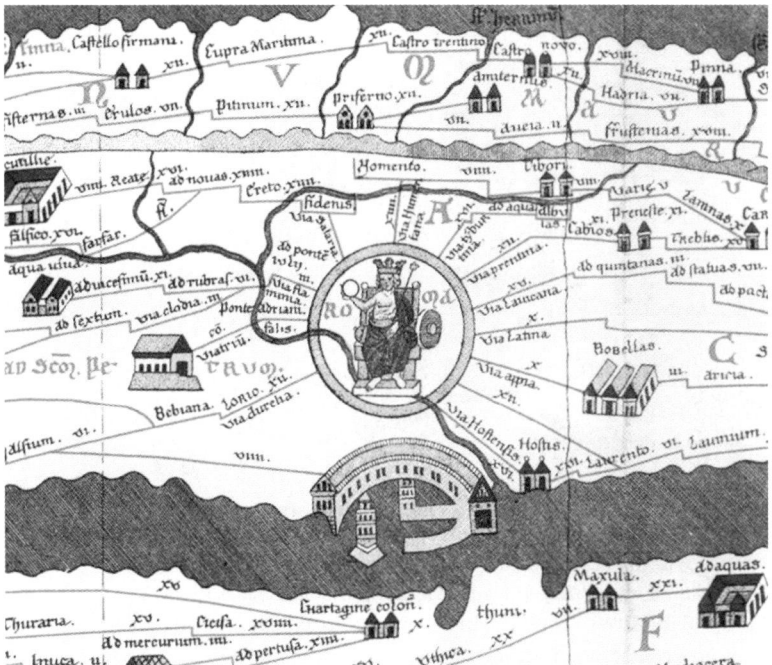

Figura 3. Alegoría de Roma en la *Tabula Peutingeriana*. Österreichische Nationalbibliothek, Viena. Entronizada, con corona y sosteniendo un orbe, refleja de forma muy clara la centralidad y universalidad de Roma. La copia que se conserva fue realizada, quizás, a principios del siglo XIII.

lizada en el capítulo anterior, de representar un determinado contexto geográfico o cultural como un elemento irradiador que da forma al mundo.

Pero Roma no es la única gran ciudad que destaca por encima de las demás. Constantinopla y Antioquía se erigen como las grandes referencias del este, también como personificaciones que encierran un visible poder. Constantinopla, que ni siquiera muestra elementos urbanos, está representada como una figura entronizada, portando un escudo y señalando una columna (hay quien afirma que en realidad se trata de un faro) coronada por una estatua con una lanza en la mano, que ha sido identificada por algunos autores con una representación de Constantino el Grande. Y, más al este, junto al río Orontes, representada de gran tamaño, la ciudad de Antioquía, que se había erigido como un punto político y estratégico funda-

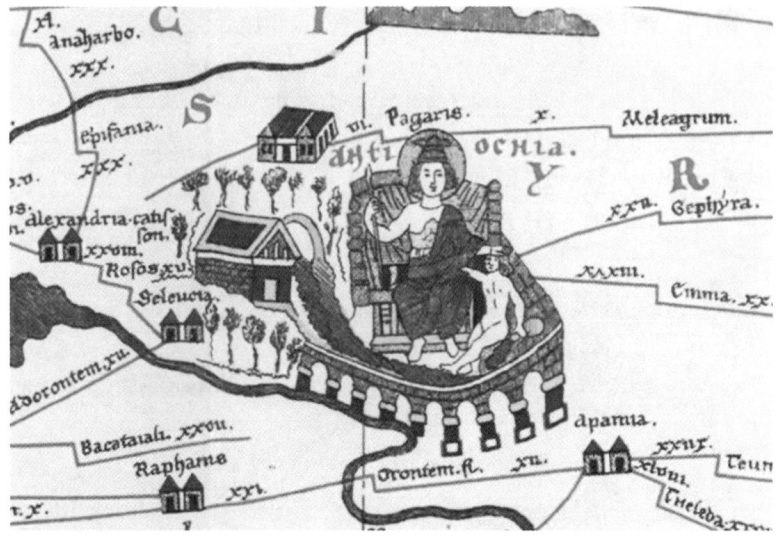

Figura 4. Alegoría de Antioquía en la *Tabula Peutingeriana*. Österreichische Nationalbibliothek, Viena. Al igual que las otras dos ciudades (Roma y Constantinopla), aparece entronizada, con la particularidad de que Antioquía apoya su mano sobre una figura de menor tamaño, que parece representar el río Orontes. Algunas teorías afirman que se trata de una adición posterior.

mental con la instauración de la Diócesis de Oriente por el Imperio romano tardío a finales del siglo III. Antioquía es mostrada también como una figura entronizada y coronada, portando una lanza, y apoyando su mano izquierda sobre otra figura de menor tamaño que se ha identificado con la personificación del río Orontes (Fig. 4).

En realidad, no está del todo claro en qué momento se realizaron esas figuras, si fueron parte original del prototipo del mapa o si se añadieron en algún momento de su desarrollo posterior. De nuevo, hay diversas teorías; si bien parece haber cierta unanimidad en que, al menos en su forma original, la ciudad de Roma formó parte del mapa desde el principio, se ha propuesto (no sin cierto debate, aún vivo) que Antioquía fue realmente una adición posterior, de carácter cristiano. De hecho, si la observamos, parece estar algo fuera de lugar, rompiendo de forma artificial algunas de las vías que la cruzan, algo que ha permitido a algunos investigadores pensar que se trata de una añadidura posterior. Incluso se ha planteado que, en algún momento a lo largo de la Edad Media, se identificó (e intentó modificar) la figura de la ciudad con la personificación del Orontes con la escena de la Virgen María y el Niño.

Pero, como digo, son teorías. En realidad, no hay muchas cosas fehacientes que se sepan sobre la *Tabula*. En todo caso, de lo que sí podemos estar seguros es de que se trata, cuando menos, de un estrechísimo diálogo entre la Antigüedad y la Edad Media, y de una complejísima y rica representación de gran parte del mundo conocido. Y esto vincula la *Tabula* con una característica fundamental de los mapas realizados en la Antigua Roma: no solo es una concepción pragmática del espacio, sino mucho más. También cumplen una función esencial en la representación simbólica del poder imperial. Y para profundizar en ello, como sucedía en el capítulo anterior, debemos acudir, de nuevo, a la intermedialidad.

¿Un mapa para gobernarlos a todos?

Una cosa es la cartografía de carácter práctico, de gestión del territorio a nivel más o menos concreto, y otra bastante diferente la de contextos geográficos amplios y generales, como el caso de los mapas del mundo. Ambas formas de cartografiar tienen, al menos en su carácter básico, el mismo objetivo: conocer y controlar el espacio. Pero lo hacen desde dos perspectivas distintas: por un lado, la gestión del territorio; y, por otro, su control político y simbólico. Y son las fuentes textuales las que nos lo muestran. Ya en el 174 a.C., Tiberio Sempronio Graco, según nos cuenta Tito Livio en su *Historia de Roma,* hizo colocar en el templo romano de Mater Matuta un mapa de Cerdeña, en conmemoración de su victoria militar en la isla. Dedicado a Júpiter, el mapa representaba, con un carácter que podemos considerar narrativo, las batallas que llevaron a la victoria romana (*Historia de Roma,* XLI.28.8-10).

Eso no quiere decir que los dos acercamientos mencionados sean excluyentes. La cartografía general del mundo, lo que llamaremos *mapamundi,* puede (y podía) tener un uso práctico, pero las fuentes históricas nos indican que también podía llegar a ser algo bastante serio, incluso peligroso. De hecho, no parecen haber sido algo de uso frecuente ni habitual, y no todo el mundo podía poseerlos. Cuenta Suetonio que el emperador Domiciano mandó ejecutar al senador Metio Pompusiano por conspirar contra el Imperio, y una de las pruebas del crimen era que siempre llevaba consigo un mapa del mundo (*Vidas de los Doce Césares,* VIII.10.3).

Eso no significa que no existieran los mapas que podríamos llamar públicos, a la vista de la ciudadanía; es posible que existieran. En un contexto imperial en el que Roma aspiraba a gobernar toda la ecúmene, los mapas eran una herramienta simbólica y propagandística de primer orden. Parece que el retórico Eumenio (siglo III), en uno de sus numerosos discursos en la actual ciudad francesa de Autun, señalaba un mapa mientras afirmaba (podemos suponer que de forma vehemente) lo agradable que era admirar un mapa del mundo, ya que no veía nada que no les perteneciera.

No en vano, un mapa ofrecía una posibilidad incomparable de admirar la magnificencia del Imperio y comprobar hasta dónde llegaba Roma con una sola mirada. En ese sentido, cartografía y propaganda (como, dicho sea de paso, ha ocurrido en otros muchos contextos históricos) iban de la mano. Es por ello por lo que el conocido (y muy polémico) «mapa» de Agripa se realizó a instancias de Augusto, el primer emperador romano. Probablemente creado después de la batalla de Accio (31 a.C.), ese supuesto mapa mostraría hasta qué punto Roma estaba dominando el mundo, sobre todo después de la victoria de Augusto sobre Cleopatra y Marco Antonio. Mencionado fundamentalmente por Plinio el Viejo, el mapa parece haber sido realizado, al menos en un principio, por Marco Vipsanio Agripa, mano derecha y gran amigo del emperador, su *collega imperii,* que a la postre se convertiría en su yerno al contraer matrimonio con su hija Julia. Digo «en un principio» porque parece que el mapa aún no estaba terminado cuando Agripa falleció en el 12 a.C.

En cualquier caso, el propósito de Agripa, y, por tanto, también el de Augusto, era, en palabras de Plinio, «exponer la imagen del mundo a los ojos de Roma» (*Historia Natural,* III.1.17)[4]. Mostrar a los ciudadanos romanos que su Imperio se extendía mucho más allá de lo que probablemente imaginaban. Para ello, eligió un lugar estratégico: el Pórtico Vipsania, cerca de la Vía Flaminia en el Campo de Marte. El corazón público del Imperio.

Durante mucho tiempo, el de Agripa se consideró un ejemplo fundamental de mapamundi oficial romano: *el* mapa romano por

---

[4] Plinio el Viejo, *Historia Natural,* 2, trad. de Antonio Fontán, Ignacio García Arribas *et al.,* Madrid, Gredos, 1998, p. 17.

antonomasia. En su momento se afirmó que los mapas como el de Agripa debían de ser relativamente habituales. Se dijo que se convirtió en un modelo para las imágenes del mundo posteriores, incluso en la Edad Media latina, y que influyó en el mismísimo *mappamundi* de Hereford (*ca.* 1300), del que hablaremos más adelante. Se relacionó con la medición del mundo que supuestamente había encargado Julio César a una serie de geógrafos, que estuvieron más de veinte años recorriendo el mundo conocido y tomando datos. Pero todo eso se ha afirmado sin una base convincente, sin mayores pruebas que unas pocas suposiciones y testimonios muy posteriores. De hecho, hace años que se demostró que esa medición del mundo por parte de los geógrafos de Julio César nunca existió. En los siglos XIX y XX se llegaron a hacer hipotéticas reproducciones del mapa de Agripa, a partir de datos, algo erráticos, de autores como Plinio. Pero, de nuevo, más desde la fe y el sesgo de confirmación que desde las evidencias. Desde hace unas décadas, el mapa de Agripa ha sido motivo de grandes polémicas y encendidos debates, centrados en una pregunta clave: ¿era realmente un mapa? Es más: ¿existió realmente como tal? En realidad, hay pocas evidencias de que así fuera. Las descripciones existentes no lo indican de forma clara, y diferentes investigaciones modernas han propuesto que no era un mapa en el sentido de una representación gráfica del mundo, sino más bien una serie de nombres de lugares y referencias geográficas colocados en el pórtico, a la manera de listado. A fin de cuentas, si era un mapa tan importante y un modelo reproducido a lo largo de los siglos, ¿por qué no lo mencionan más autores de forma directa, aparte de Plinio? De hecho, ¿por qué Plinio lo menciona tanto? En su *Historia Natural* cita a Agripa como fuente más de treinta veces, convirtiéndolo en una referencia esencial de sus descripciones geográficas. Quizá esta preferencia que tenía Plinio por Agripa viniera dada por lo que representa: la supremacía de Roma no solo en términos imperiales, culturales y sociales, sino también de conocimiento. El hecho, en definitiva, de que el conocimiento geográfico romano, y su proyección posterior, superaba al de los griegos. Y esa idea, por medio, precisamente, de la difusión de la *Historia Natural* de Plinio, hizo de Agripa un personaje recurrente en los textos medievales.

Pero ya llegaremos a ello. Cuando hablamos de la importancia de la literatura en la construcción del conocimiento geográfico y cartográfico antiguo y medieval, no me refiero solo a obras que mencionan explícitamente mapas, sino también (de hecho, *sobre todo*) a textos que, sin contener ninguna indicación a representaciones cartográficas, serán esenciales a la hora de representar gráficamente el mundo en la Edad Media. En este sentido, entre los abundantes autores de la Antigua Roma que sobrevivieron al paso de los siglos gracias a su estudio y difusión manuscrita en la Europa medieval, en términos de conocimiento del mundo y, particularmente, de realización de mapas, Cayo Salustio Crispo (86 a.C.-34 a.C.) y Marco Anneo Lucano (39-65) son referencias quizá insospechadas, pero indiscutibles.

Insospechadas, porque, en realidad, ninguno tiene el centro de su obra en la descripción geográfica del mundo, y mucho menos en los mapas. E indiscutible, porque una parte importante de las representaciones cartográficas manuscritas de la Edad Media en Europa, y por tanto del conocimiento del mundo, bebe directamente de la difusión de sus narraciones. Quizás ambos autores se sorprenderían si vieran sus obras, siglos después de haberlas redactado, como modelos de representación cartográfica. Pero la historia nos ha dado innumerables evidencias de que, en ocasiones, los caminos del conocimiento son del todo inesperados.

SALUSTIO O EL GRAN HISTORIADOR

Cayo Salustio Crispo (86 a.C.-34 a.C.) es uno de los grandes nombres de la historiografía latina. No se conoce mucho de su vida, pero sí se sabe que formó parte activa de la alta vida política romana. Nacido en el seno de una familia noble de la famosa Amiternum, antigua ciudad de los sabinos, con 34 años fue tribuno de la plebe en Roma, cargo en el que duraría bien poco: dos años después fue expulsado del Senado por mala conducta. Nunca se ha sabido bien los motivos de esta expulsión: algunos comentaristas la explicaron por supuestas conductas reprobables por parte de Salustio, que, entre otras cosas, fue acusado de adulterio con Fausta Cornelia, hija del general Sila, figura política fundamental de la Roma tardorrepublicana. Pero otras fuentes teorizaron con la idea de que, en realidad, la expulsión de Salustio tuvo connotaciones más bien políticas, como resultado de una suerte de purga en el intenso contexto de la lucha de partidos de la época.

Sea como fuere, la cercanía de Salustio con Julio César le reportó importantes beneficios políticos. Pocos años después es elegido pretor y no solo recupera su escaño senatorial, sino que César le nombra gobernador de la provincia de África Nova, al hacerse con ella tras la batalla de Tapso (46 a.C.). Pero, de nuevo, por poco tiempo: después de un año y medio de acumulación incontrolada de riquezas en el nuevo territorio, Salustio regresó a Roma, siendo acusado de corrupción y abandonando, por fin, la vida pública.

Pero su muerte política no significó, ni de lejos, el fin absoluto de su actividad. Todo lo contrario: paradójicamente, la figura de Salustio se volvió inmortal gracias a su abandono (fuera voluntario o por obligación) de la esfera pública. El romano se retiró a la gran villa que había adquirido con la riqueza que había acumulado en África, unos terrenos que pasarían a la historia con el nombre de *Horti Sallustiani (Jardines de Salustio),* los más bellos de Roma, utilizados por diferentes emperadores y escenario de fundamentales descubrimientos arqueológicos decenas de siglos después. En este exuberante retiro, Salustio se dedicó a escribir. Y mucho. En pocos años, posiblemente a partir de finales del 42 a.C. hasta su muerte en el 34 a.C., escribió varias obras, todas sobre el pasado de Roma. Obras históricas que serían fundamentales en la historiografía latina. En primer lugar, escribió la comúnmente conocida como *Conjuración de Catilina (De Catilinae coniuratione),* que narra la conspiración del polémico tribuno Lucio Sergio Catilina, acusado de intentar destruir la República e instaurar una dictadura en Roma en el 63 a.C. Después, alrededor de los años 41-40, redacta la *Guerra de Jugurta (Bellum Iugurthinum),* tratando la guerra que enfrentó a Roma contra Jugurta, rey de Numidia, del 111 al 105 a.C. Y, finalmente, a partir del 39 a.C. se embarca en el que sería su proyecto más ambicioso, tan ambicioso que quedó inconcluso debido a la muerte de Salustio: las *Historias (Historiae),* una extensa narración de la historia de Roma de la que solo nos han llegado fragmentos sueltos.

Desde un punto de vista histórico y literario, la obra de Salustio ha sido criticada por sus errores en la narración de los hechos, así como por los defectos de su redacción. Se le ha considerado un historiador partidista y tendencioso, demasiado propenso a defender la causa de César; pero esto es algo matizado (incluso superado) en las investigaciones de las últimas décadas. Con todo, Salustio fue reconocido durante siglos como uno de los grandes historiadores latinos, con una reputación solo superada por Cicerón y Virgilio. Ronald Syme, la referencia fundamental en el estudio sobre la obra y figura de Salustio, lo deja bien claro: «Toda la literatura de la Antigüedad tardía reconoce su atractivo, desde Amiano hasta la *Historia Augusta,* desde los Padres de la Iglesia hasta los humildes gramáticos y escoliastas»[5].

Pero no solo en la Antigüedad tardía. La fama de Salustio fue prácticamente ininterrumpida hasta la Edad Moderna. Sus obras estaban entre los recursos básicos de aprendizaje y práctica del latín en los monasterios medievales. Durante el denominado Renacimiento carolingio, sus obras fueron una fuente clave en el estudio de la Antigua Roma y formaban parte de los catálogos de manuscritos de monasterios en media Europa. Se realizaron cientos de copias manuscritas de la obra en la Edad Media, en diferentes momentos y distintos lugares de Europa. Es más, a partir del siglo XII se convirtió en un modelo en el ejercicio de la historia; después de todo, el carácter moralista de Salustio y su idea de los hombres como seres fácilmente corruptibles, algo que impregna gran parte de su obra, casaba bien con la cosmovisión cristiana propia de la cultura medieval. Por ejemplo, ya en las primeras líneas de la *Guerra de Jugurta* podemos ver esta óptica moralista, casi neoplatónica, de sus obras: «guía y rectora de la vida de los hombres es el alma; cuando emprende el camino de la virtud hacia la gloria, es inmensamente enérgica, poderosa y resplandeciente» (*Guerra de Jugurta,* 1.3)[6]. No resulta difícil imaginarnos lo identificado que podía sentirse un monje medieval reproduciendo estas líneas.

Pero la pervivencia de la obra de Salustio no fue, ni de lejos, estática. Los manuscritos no reflejaron sus narraciones de forma fría, lejana, literal, sino que se añadieron anotaciones, glosas, ilustraciones, diagramas… Los márgenes de los manuscritos se llenaron de detalles que ayudaban a la lectura, comprensión y análisis de las obras, creando una suerte de puente entre el conocimiento antiguo y el medieval. Las anotaciones marginales son las huellas de aquellas personas que dieron vida a los clásicos. Una vida adaptada a los diferentes

---

[5] Ronald Syme, *Salustio,* Madrid, Gredos, 2023, p. 434.
[6] Salustio, *Guerra de Jugurta,* trad. de Bartolomé Segura Ramos, Madrid, Gredos, 1997, p. 137.

contextos y objetivos de las copias, que podían ser educativos, analíticos, explicativos o propios del tedio de copiar los textos. Pero, en cualquier caso, se convirtieron en herramientas para conocer el mundo. Y en ello entraron en juego, inevitablemente, los mapas. Porque las representaciones cartográficas, muchas veces en forma de diagramas aclaratorios, tuvieron un vehículo de transmisión fundamental en una obra salustiana en concreto: la *Guerra de Jugurta.*

Como ya he mencionado, *Guerra de Jugurta* fue la segunda obra redactada por Salustio durante su retiro final en Roma. Se trata de una extensa narración del conflicto bélico que enfrentó, entre el 112 y el 105 a.C., a la poderosa Roma con Jugurta, sobrino del rey de Numidia, que, a la muerte de este, aspiraba a llegar al poder por encima de sus primos, los hijos del rey, supuestamente por medio de corrupción, sobornos y traiciones. Después de una serie de tretas y de batallas, la guerra finalizó con la captura de Jugurta y su posterior ejecución en Roma.

A diferencia de *Conjuración de Catilina,* su obra anterior, los hechos que aquí narra Salustio se remontan a un pasado más lejano, tanto cronológica como geográficamente. Habían ocurrido más de sesenta años antes, en la lejana Numidia, en el norte de África. Quizá por eso el autor consideró necesario dedicar un capítulo de su obra a describir los territorios africanos, algo que, por otra parte, no era extraño entre los historiadores y geógrafos antiguos (ni, como veremos, medievales): para que el lector comprenda mejor los hechos narrados, tendrá que conocer el contexto geográfico en que tuvieron lugar. Así, Salustio ofrece una extensa (y, hay que decir, errónea) descripción de África, explicando su localización, sus límites, los pueblos que la habitan, la historia de ese territorio, etc. Debemos tener en cuenta, no obstante, que, cuando habla de África, en realidad Salustio se está refiriendo al norte del continente; en la literatura antigua y medieval, y hasta que las navegaciones portuguesas del siglo XV introduzcan definitivamente la información del continente en la conciencia europea, las referencias tanto a África como a Libia (otro topónimo que veremos frecuentemente en los mapas medievales) tienen un enfoque geográfico bastante concreto: obviamente, el África romana, la parte del continente que conocían.

En cualquier caso, estos capítulos de la *Guerra de Jugurta* se convirtieron en un vehículo de conocimiento geográfico de primer orden en la Edad Media. Los copistas que reproducían la obra, los

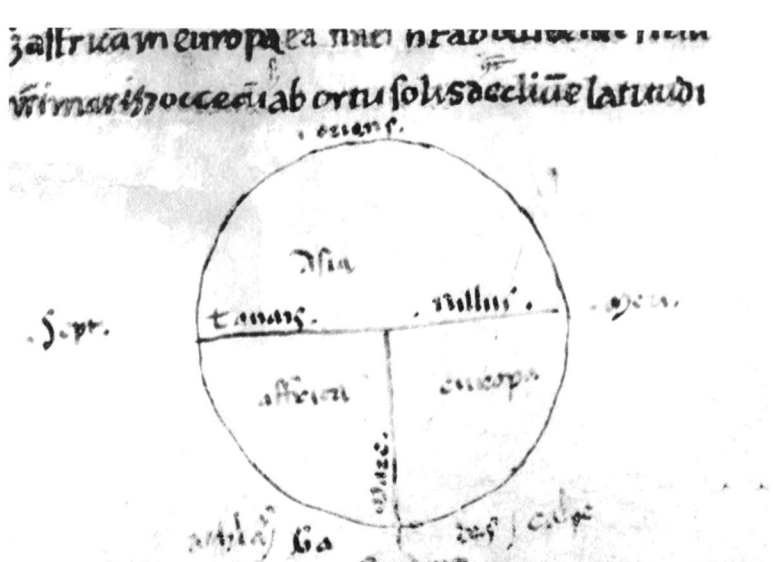

Figura 5. Mapa de T en O que acompaña un manuscrito de la *Guerra de Jugurta* de Salustio, siglo XIII. Bibliotèque Nationale de France, París. El este está en la sección superior, y se indican los nombres de los continentes y de los ríos que los separan (Tanais y Nilo). El Mediterráneo conforma el trazo vertical de la T, y separa Europa de África.

estudiosos que la leían, los estudiantes que se la aprendían… Todos ellos tenían la oportunidad de acercarse virtualmente, por un momento, a territorios lejanos, tanto en el tiempo como en el espacio. Pero no lo hicieron únicamente de forma textual, sino también gráfica. Porque muchísimos de los manuscritos medievales que se conservan de esta obra, sobre todo (pero no exclusivamente) en el contexto de estudio y conocimiento carolingio, incluyen mapas, desde simples diagramas hasta versiones más elaboradas, que reflejan visualmente lo explicado en la descripción geográfica de África (Fig. 5). A fin de cuentas, entender una descripción compleja y extensa es mucho más fácil cuando se acompaña de una ilustración que nos lo muestra.

Los mapas que fueron apareciendo en numerosos manuscritos de la *Guerra de Jugurta* no se fueron copiando, simplemente, unos de otros. Eran entes dinámicos, vivos. Si bien partían de una concepción formal sencilla, que presentaba las características de los mapas

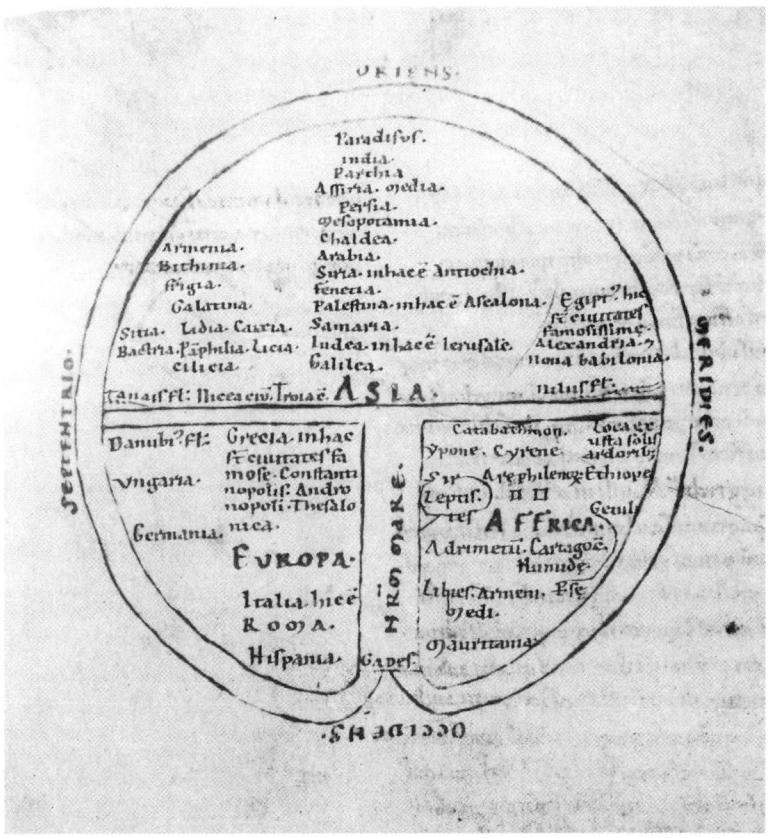

Figura 6. Mapa de T en O de un manuscrito de la *Guerra de Jugurta*, finales del siglo XI o principios del XII. Biblioteca Apostolica Vaticana, Vaticano. El mapa contiene abundantes topónimos y referencias, y muchas no se mencionan en la obra original. Es un ejemplo del carácter dinámico y heterogéneo de los mapas medievales.

de T en O[7] de los que hablaremos más adelante, con el tiempo fueron admitiendo más información, más referencias, otros detalles que no necesariamente estaban en el texto (Fig. 6). De esta manera, los mapas fueron tomando entidad propia. De estar en cercano diálogo con el texto, las imágenes pasaron a ser representaciones vivas, que se basaban en el texto de Salustio pero introducían rea-

---

[7] Se denomina a estos mapas así porque tienen forma circular y dividen su interior en tres secciones con una línea horizontal que abarca el diámetro y una vertical y perpendicular cuya medida es el radio.

lidades propias. La actualización de los mapas no era más que un reflejo de la actualización de las concepciones sobre el mundo, de aquellos elementos que el copista consideraba más adecuados, más interesantes o útiles para un determinado objetivo.

Pero eso ya lo veremos. Lo que nos interesa, de momento, es ese diálogo directo con la Antigüedad que se produce por medio de la interrelación texto-imagen en los manuscritos medievales de Salustio. Más concretamente, en los mapas. Porque el conocimiento antiguo no era un conocimiento momificado. No se conservaba de manera fría, distante, sino con una cercanía que lo hacía dialogar con la Edad Media. Los mapas, por tanto, eran herramientas de conexión entre dos contextos separados por más de 1.000 años. Medios de comunicación, tanto visual como textual, entre Salustio, el copista y el lector. Por medio de estos mapas, la Antigüedad continuaba, a su manera, viva y presente. Nunca olvidada ni escondida. Y, en términos cartográficos, esto ocurría, quizá de manera incluso más intensa, con otro de los grandes autores latinos venerados en la Edad Media: Lucano.

LA LARGA SOMBRA DE LUCANO

Marco Anneo Lucano (39-65 d.C.) fue uno de los poetas más laureados de la Roma del siglo I. Su obra recorrió la Europa medieval y moderna como una herencia clave de las letras antiguas. En su *Comedia,* Dante le hará compartir el limbo con Homero, Horacio y Ovidio, considerándoles a todos ellos los mayores poetas de la Antigüedad. Por cierto, se encuentran en el limbo no por falta de grandeza, sino por el simple hecho de haber vivido en la época del paganismo y, por tanto, no haber adorado a Dios.

En realidad, Lucano no era cualquier persona. Nacido en Córdoba, pertenecía a una familia de gran renombre social y cultural. Era, ni más ni menos, sobrino de Séneca, que se encargó de su educación y llegó a tenerle un especial y sincero cariño, como demuestran sus palabras describiéndolo en la consolación a su abuela Helvia:

> ¿A quién no le hará contener las lágrimas su alegría? ¿A quién no le harán ensanchar el corazón encogido de angustia sus ocurrencias? ¿A quién no inducirá a jugar su vivacidad? ¿A quién, aun sumido en

sus pensamientos, no llamará la atención y distraerá ese parloteo que a nadie llega a cansar? ¡A los dioses se lo ruego, que tenga la suerte de vivir más que nosotros! (*Consolación a Helvia,* 18.5)[8].

Lamentablemente, los dioses no parecieron escuchar mucho a Séneca, ya que su amado sobrino falleció el mismo año que él, en el 65 d.C., con apenas 25 años, y en circunstancias similares: ambos se suicidaron, cortándose las venas tras haber sido acusados por el emperador Nerón de participar en la famosa conjura de Pisón, organizada para arrebatar el poder al emperador.

Pero los 25 años de vida de Lucano no pudieron ser más intensos en términos de fama y producción literaria. Con una calidad poética admirada en toda Roma, el joven Lucano no siempre fue enemigo de Nerón. Al contrario, estuvo muy protegido por el emperador, convirtiéndose en uno de sus amigos más íntimos, una parte fundamental de su *cohors amicorum,* su círculo más cercano. De hecho, Nerón fue también discípulo de Séneca, que le brindó una amplia formación cultural e intelectual, e incluso compitió con su amigo Lucano en los fastuosos juegos quinquenales instaurados por él, en los que, además de las pruebas físicas, se ofrecían competiciones de poesía. La amistad entre ambos llegó a ser tan estrecha, que el emperador otorgó al poeta prometedores cargos oficiales, como el de cuestor y augur.

Pero la dulce etapa de Lucano en la vida cultural, social y política de Roma no duró demasiado. La relación con su amigo Nerón se fue torciendo cada vez más, según autores posteriores como Tácito, debido a la deriva excéntrica del emperador y a la envidia que este tenía de las facultades artísticas del joven Lucano. Esta separación entre ambos hizo que el poeta volviera sus creaciones contra el emperador, componiendo poemas sarcásticos contra él y haciendo pública su animadversión. Todo este clima estalló con la acusación a su tío Séneca (que también estaba cayendo en desgracia ante el emperador) y a él mismo de participar en la ya mencionada conjura, algo que tendrá como consecuencia el suicidio de ambos.

Lucano fue autor de numerosas obras poéticas durante su intensa vida, pero se haría inmortal con la única obra que nos ha llegado,

---

[8] Séneca, *Consolaciones a Marcia, a su madre Helvia y a Polibio,* trad. de Juan Mariné Isidro e Ismael Roca Melia, Madrid, Gredos, 1996, pp. 121-122.

Farsalia, un extenso poema épico que narra la guerra civil entre Julio César y Pompeyo, la conocida como segunda guerra civil de la República. Se trata de una obra compleja, intensa, llena de matices y de innovaciones formales y de contenido. De hecho, no está demasiado claro que sea una obra del todo acabada; gran parte de los estudiosos sospechan que Lucano no había terminado su poema cuando se suicidó. Aunque, para lo que nos interesa, este hecho es irrelevante. Lo importante es la enorme fortuna que tuvo durante siglos.

Como ya he comentado, Lucano ya era una gran estrella en su época. Y su luz no se llegó a apagar nunca, sino que la *Farsalia* fue enormemente popular. Se calcula que en la Edad Media se realizaron más de 400 copias, totales o parciales, de la obra. Se leía con avidez en escuelas, en monasterios, en bibliotecas. Se comentaba y se glosaba de forma analítica. Se discutía y se estudiaba como una fuente literaria e histórica de primerísimo orden. Durante el Renacimiento, la obra de Lucano fue protagonista indiscutible en la difusión de los clásicos entre los círculos humanistas; de hecho, pasó a imprenta ya en 1469, siendo uno de los primeros textos latinos impresos. A los polímatas del Renacimiento, inmersos en la «recuperación» del conocimiento «perdido» de la Antigüedad clásica, les fascinaba un poema que ya era laureado en la Antigüedad y podía compararse con la *Eneida* de Virgilio. Pero, de nuevo, la *Farsalia* estuvo muy presente siglos atrás; tan presente, que se la ha considerado como el poema épico más popular de toda la Edad Media. Ya en el siglo IX era una referencia fundamental, con manuscritos de la *Farsalia* anotados, estudiados y reproducidos en el contexto carolingio y más allá. Pero, como ocurría con la *Guerra de Jugurta,* muchas veces podía venir bien el uso de diagramas y esquemas marginales, a modo de apoyo visual y mnemotécnico de todo lo que describía y narraba el texto. En este sentido, la información geográfica tenía una importancia clave. En la *Farsalia* la geografía, en el sentido de descripción y presentación de lugares, adquiere un protagonismo especial, ya que la guerra entre Julio César y Pompeyo tomó una magnitud que podríamos denominar global: durante los cuatro años de conflicto, se libraron batallas en lugares como Italia, Hispania, Grecia, Oriente y el norte de África. La lectura de la *Farsalia,* por tanto, implicaba una suerte de viaje por una parte importante del mundo conocido. Un viaje extenso y complejo, con descripciones geográficas que podían ser confusas y difíciles de seguir para los lectores medievales (y, en realidad, también para los actuales). Así, son habituales los diagramas, esquemas y, sobre todo, mapas, que suelen acompañar diferentes secuencias del texto. Se trata tanto de mapas generales del mundo, a modo más bien esquemático, como de mapas o diagramas topográficos que muestran regiones y ciudades de calado en la narrativa de la obra, tales como los Apeninos, la bahía de Brundisium (Brindisi), Thesalia (Tesalia) e Ilerda (capital de los ilergetes, en la actual Lleida, marco de una de las batallas clave entre Julio César y Pompeyo). Esto convirtió *Farsalia* en el texto clásico con mayor presencia de mapas topográficos en la Edad Media, y, por tanto, en un vehículo fundamental de información geográfica no solo regional, sino también global. Porque los manuscritos también contenían mapas generales del mundo, que habitualmente acompañan la descripción que hace Lucano de Libia, y en la que menciona sus límites, sus características físicas, sus vientos, etc. Este fragmento presenta una información que, aun hoy, resulta complicada de entender sin un recurso visual que sirva de guía. Veamos un ejemplo:

> Libia es la tercera parte del mundo, si se quiere creer todo lo que se dice; pero, si se guía uno por sus vientos y su cielo, resultará que forma parte de Europa. Pues las riberas del Nilo no están más distantes que el Tanais escítico de los bordes de Cádiz, desde donde Europa se separa de Libia y donde las costas, en comba, dejan sitio al Océano; pero una porción más extensa del mundo ha ido a parar a Asia sola. En efecto, mientras las dos primeras desencadenan juntas el céfiro, ella, tocando a la vez el flanco izquierdo del bóreas y el derecho del noto, se estira hacia Oriente como única dueña del euro (*Farsalia,* IX, 410-19)[9].

Para un lector medio es difícil imaginarse lo que explica Lucano, especialmente cuando se trata de territorios lejanos, que no tenemos por qué conocer. Por tanto, poder contar con un mapa, o una simple ilustración, que nos ayude a asimilar estos datos, siempre resulta de agradecer. Lo mismo debían pensar los copistas medie-

---

[9] Lucano, *Farsalia,* trad. de Antonio Holgado Redondo, Madrid, Gredos, 1984, p. 383.

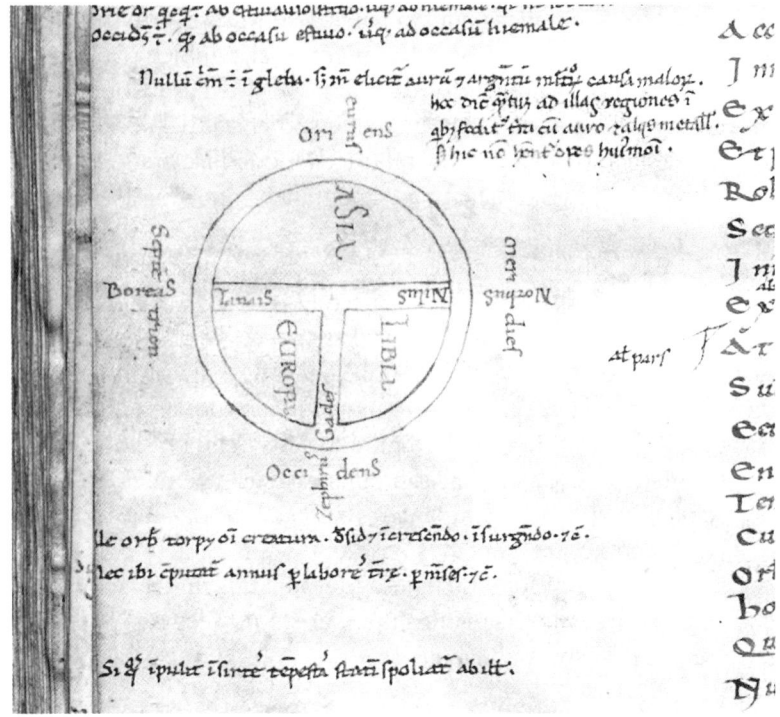

Figura 7. Mapa de T en O que forma parte de un manuscrito de la *Farsalia* de Lucano, principios del siglo XII. Biblioteca Medicea Laurenziana, Florencia. Orientado hacia el este, representa los tres continentes tradicionales, así como los elementos que los separan y la indicación a Gades (actual estrecho de Gibraltar) entre Europa y África. Fuera del mapa se mencionan los diferentes vientos cardinales.

vales, que, ya en los primeros manuscritos conservados de *Farsalia,* que constan del siglo IX, introducían recursos gráficos en forma de diagramas o mapas esquemáticos que ayudaban a organizar la información. Pero no se trataba de simples esquemas que se copiaban fríamente de un manuscrito a otro, sino de diferentes adaptaciones que intentaban mostrar de manera clara aquellos detalles del texto que el copista quizá consideraba más importantes. Por ejemplo, en un manuscrito de finales del siglo IX se incluye un pequeño diagrama que muestra visualmente lo que explica Lucano en el fragmento antes reseñado: un mundo orientado hacia el este, geográficamente dominado por Asia en la sección superior (en su momento veremos la importancia de esta concepción formal en la Edad Media), y la sección inferior compartida entre Europa y África, con el actualmente conocido como estrecho de Gibraltar separándolas (Fig. 7). En el extremo norte (izquierda del diagrama) y sur (derecha), el amanuense incluyó las referencias al río Tanais (actual río Don) y el Nilo, tal como había expresado Lucano en el texto, y que, como veremos, serían referentes de primer orden en la organización del mundo en la Edad Media. En los mapas que acompañan otros manuscritos de la obra veremos detalles ligeramente diferentes, como la indicación de los vientos cardinales, distintas formas de representar el estrecho de Gibraltar, la introducción de topónimos propios del recuerdo de las conquistas orientales de Alejandro Magno… Se trata, como ya hemos visto con los mapas de la *Guerra de Jugurta,* de representaciones que se retroalimentan entre sí, que dialogan con el pasado adecuándose a la información que presenta un texto que se mantuvo vivo durante milenios.

La importancia del factor gráfico en los manuscritos medievales de las obras de Lucano y de Salustio demuestra que el fondo del conocimiento geográfico y cartográfico de la Edad Media no se encuentra únicamente en grandes mapas iluminados, ni en abigarradas enciclopedias visuales repletas de información. La cosmovisión medieval no se encuentra encerrada en sí misma, como un conjunto de información hermética y autónoma. La difusión del conocimiento estaba contenida entre los folios de los manuscritos, en forma de sencillos diagramas que, a fin de cuentas, cualquiera podía realizar. Muchas veces, la difusión del conocimiento antiguo estaba en lo humilde, lo esquemático, lo que ayudaba a los lectores medievales a estudiar lo que el mundo clásico tenía para ofrecerles. Los mapas acabaron por servir de herramientas mnemotécnicas para entender unas realidades que, a fin de cuentas, estaban más presentes de lo que puede parecer a simple vista.

La importancia de los autores latinos en la cosmovisión medieval también indica un hecho fundamental, y es que se trata de una relación bidireccional. El papel de los mapas en la pervivencia medieval del mundo antiguo es fundamental, pero, al mismo tiempo, la pervivencia del mundo antiguo es fundamental para la construcción del conocimiento cartográfico medieval. Simplemente, no podemos entender una sin la otra, al igual que no podemos entender esa visión sin la referencia a uno de los grandes nombres del conocimiento no solo antiguo, sino universal: Plinio el Viejo.

PLINIO EL VIEJO, *MAESTRE DE MAPAMUNDI*

En 1375, el judío mallorquín Abraham Cresques realizó una obra fundamental en la historia de la cartografía: un lujoso atlas que mostraba, de manera detallada y fastuosa, el mundo que un europeo podía conocer en la segunda mitad del siglo XIV. Basándose en un amplio catálogo de fuentes, Cresques ofreció una imagen del mundo nunca vista de esa manera, una imagen que combinaba las nuevas formas representativas de las cartas náuticas bajomedievales con referencias tradicionales, incorporaciones innovadoras y los más lujosos materiales de producción. En uno de los abundantes textos explicativos del atlas, el autor, mientras describe las islas Afortunadas (ya identificadas con las recién redescubiertas islas Canarias), cita a un teórico antiguo como una de las grandes autoridades del conocimiento antiguo y medieval, particularmente geográfico y cartográfico en este caso: *Plinio, maestre de mapamundi.* Esta mención muestra una influencia que une 1.700 años de historia y de conocimiento científico en la figura del que quizá sea el autor latino más referenciado y consultado, y que tendrá una presencia innegable en las diferentes representaciones medievales y modernas del mundo: el romano Plinio el Viejo (23-79).

Nada de lo que diga sobre Plinio será del todo novedoso. Ya en su época era conocido como alguien con un conocimiento enciclopédico; en el siglo II Aulo Gelio afirmaba que fue «el hombre más sabio de su época» (*Noches Áticas,* IX.16)[10]. Estudioso, militar, funcionario y almirante, nació en Como, al norte de la península itálica, en el seno de una familia de grandes posibilidades económicas. No se saben demasiadas cosas de su vida, y la información que tenemos nos ha llegado a través de las cartas de su sobrino, Plinio el Joven, y de datos ofrecidos por autores posteriores como Suetonio. A lo largo de su vida, que termina abruptamente por culpa de la erupción del Vesubio en el año 79 y su empeño en estudiarlo de cerca (un episodio detalladamente narrado por su sobrino, y que quizá sea lo más conocido de su biografía), Plinio no solo se dedicó a ejercer las labores de lo que podríamos considerar un hombre de acción, sino a tomar datos de los lugares donde estaba destinado (entre ellos

---

[10] Aulo Gelio, *Noches áticas,* 1, ed. de Manuel-Antonio Marcos Casquero y Avelino Domínguez García, León, Universidad de León, 2006, p. 335.

Galia, Germania y el norte de África), a estudiar y a escribir incansablemente. El propio Plinio reconocía haber robado infinidad de horas de sueño nocturno para escribir. «Que ninguno piense que estamos ociosos a esas horas –decía–. Es para nosotros suficiente recompensa pensar que mientras nos entretenemos [...] con estas cosas, vivimos más horas. Porque vivir es velar» (*Historia Natural,* prefacio, 18)[11].

Vivir es velar. Y parece que, a golpe de velar, Plinio se aseguró una vida eterna. Decía su sobrino, afanado en seguir sus pasos, que quería, como su tío, «como vencedor correr de boca en boca de los hombres» (*Cartas,* V.8.3)[12]. En este sentido, Plinio el Viejo no dejó de correr, ya desde su época. Porque, aunque la única obra que nos ha llegado es su monumental *Historia Natural,* nos consta que, ya desde joven, su producción literaria fue extensa y admirada. Escribió libros sobre historia, retórica, gramática, biografías, tratados... Un trabajo incansable de generación de conocimiento, desde múltiples perspectivas. Pero, sin duda alguna, su obra magna es la que le convirtió en una figura capital del conocimiento, admirado e imitado de manera prácticamente ininterrumpida hasta el siglo XVIII. Una enciclopedia que condensa, en treinta y tres libros, todo el conocimiento natural disponible en la época, y a la que Plinio llamaría *Naturalis Historia (Historia Natural).*

Se trataba de un proyecto nunca visto; un compendio de todo lo que existe en el mundo, todo lo que ofrece la naturaleza. A lo largo de 20.000 entradas, para las que Plinio consultó más de 2.000 libros de cientos de autores, su enciclopedia es un enorme reflejo del conocimiento natural del siglo I. En 1992, la UNESCO puso en marcha el *Programa Memoria del Mundo,* destinado a preservar y asegurar el acceso del patrimonio histórico a nivel global. Casi dos milenios antes, Plinio se había propuesto algo parecido, pero destinado a la naturaleza. Un proyecto personal, limitado por la falta de tiempo y, por qué no decirlo, de medios, que le llevó, literalmente, toda una vida. Cuando su obra vio la luz, dos años antes de su muerte, ya fue admirada como algo nunca visto. Una referencia obligada para toda aquella persona que quisiera saber cómo es el mundo, de

[11] Plinio el Viejo, *Historia Natural,* I, trad. de Antonio Fontán, Ignacio García Arribas *et al.,* Madrid, Gredos, 1995, p. 217.

[12] Plinio el Joven, *Cartas,* Madrid, Gredos, 2005, p. 265.

qué manera está organizado y qué fenómenos naturales podía esperar en determinados lugares. Pero su enciclopedia iba más allá; la lectura de su obra otorga datos de enorme valor no solo sobre ciencias naturales, sino también sobre historia, historia del arte, literatura, etnografía, etc. Hay obras y autores que solo conocemos a través de Plinio; ya lo hemos visto en el caso del mapa de Agripa. Eso hace que el autor romano se convirtiera en una fuente indiscutible en el conocimiento geográfico del mundo, ya que dedicó una importante parte de su obra a describir el universo, el orbe, las diferentes regiones que lo conforman, los países y provincias, etc. Lo que se sabría de gran parte del mundo a partir de entonces dependía, directa o indirectamente, de Plinio. El romano tuvo una influencia casi continua, desde Plinio el Joven hasta Jorge Luis Borges, en una suerte de conexión de la Antigüedad con los diferentes contextos culturales a los que ha llegado. En el siglo IV, Solino, una referencia indiscutible en el conocimiento geográfico medieval, le copió descaradamente en su *Colección de Hechos Memorables,* obra que tendría una enorme influencia en la Edad Media. Solino, de hecho, ha sido llamado repetidas veces, de forma no poco despectiva, «el mono de Plinio», pero, en cualquier caso, fue uno de los grandes responsables de la pervivencia de su trabajo (sin acreditarlo, eso sí), y, de hecho, frecuentemente el recuerdo medieval de Plinio está presente, de forma implícita, en las referencias a Solino.

Ya antes del siglo VIII encontramos numerosos manuscritos de la *Historia Natural* en toda Europa. Plinio también fue una fuente clave (aunque no tan definitoria como en el caso de Solino) para teóricos como Isidoro de Sevilla, cuya influencia también sería absolutamente decisiva en la Edad Media. De la *Historia Natural* existen cientos de manuscritos conservados, tanto de la obra completa como de fragmentos. El gran nivel de detalle informativo de la *Historia Natural* permitía estudiar casi cualquier cosa que tuviera que ver con los fenómenos naturales, la zoología, la descripción de otros pueblos, etc. Era, en definitiva, una ventana al mundo. Esto hizo que la obra de Plinio pronto traspasara lo puramente textual para formar parte de los mapas medievales.

Hay que decir que no abundan manuscritos de la *Historia Natural* que contengan mapas. La presencia de Plinio en la cosmovisión medieval y moderna no va por ahí. No se trata de una influencia representativa, sino, más bien, heurística. La información contenida en la *Historia Natural,* muchas veces a través del filtro de autores como los ya mencionados Solino e Isidoro de Sevilla (entre otros), fue parte esencial de muchos mapas. A fin de cuentas, para representar lo que existía en el otro lado del mundo, o en aquellos lugares desconocidos a los que, seguramente, nunca iría el lector (ni el observador del mapa), se acudía implícitamente a Plinio y más allá. En el capítulo anterior veíamos que ya autores de la Antigua Grecia, como Hecateo, hablaban de razas monstruosas que habitaban en los límites del mundo, pero Plinio las sistematiza, las cataloga. Les otorga una credibilidad casi incontestable que haría de él una referencia indiscutible también en términos etnológicos. En realidad, el romano no habla solo de las costumbres exóticas y diferentes de pueblos situados en territorios lejanos; también menciona que en Sicilia y en la propia Italia hubo en el pasado pueblos que se alimentaban de carne humana, como los cíclopes[13] y los lestrigones[14]. Pero, sin duda, los territorios más propensos a albergar maravillas son aquellos que no alcanzamos, los que se situaban lejanos, desconocidos, de difícil acceso para los habitantes de un mundo centrado en el Mediterráneo. El propio Plinio reconoce que «la India y la zona de los etíopes son especialmente abundantes en prodigios» (VII.2.21)[15]. Prodigios que desafían el entendimiento humano, tales como los esciápodos[16], los cinocéfalos[17], los blemias[18], los coromandas[19] o los ástomos[20]. Plinio nos ofrece un auténtico catálogo de las maravillas.

---

[13] Los cíclopes, criaturas muy asociadas a la mitología clásica, eran descritos como criaturas con un solo ojo en la frente. En la *Historia Natural* (VII.2), Plinio afirma que en el pasado habían habitado en la región central de la tierra, incluso en Sicilia e Italia.

[14] Los lestrigones también tenían mucha importancia en la mitología de la Antigua Grecia. Se creía que habitaban Lestrigonia, uno de los lugares visitados por Odiseo durante su navegación.

[15] Plinio el Viejo, *Historia Natural, 3*, trad. de Antonio Fontán, Ignacio García Arribas *et al.,* Madrid, Gredos, 1995, p. 16.

[16] Los esciápodos utilizaban sus enormes pies para colocarlos encima de su cabeza y protegerse del sol.

[17] Los cinocéfalos tenían cuerpo humano y cabeza de perro –algo que, por cierto, sería adaptado por el cristianismo en la figura de San Cristóbal Cinocéfalo–.

[18] Los blemias carecían de cabeza y tenían el rostro en el torso.

[19] Los coromandas tenían el cuerpo velludo y dientes de perro, y se comunican con terribles gritos.

[20] Los ástomos carecían de boca y se alimentaban de los olores que percibían.

Una extensa muestra, basada tanto en autores anteriores como en aportaciones propias, que demostraba a los lectores y a los oyentes la complejidad que encerraba el mundo más allá de las fronteras que conocían.

No es difícil imaginarnos el asombro de las personas que aprendían con Plinio el Viejo lo que había en el mundo. Autores como Solino, san Agustín e Isidoro de Sevilla, como veremos, hablaron de estas razas, algo que supuso su absoluta popularización en el contexto medieval. Narraba san Agustín, principal responsable de la difusión de estas razas en las fuentes medievales, que en una plaza de Cartago había una serie de mosaicos que mostraban aquellas extrañas criaturas que habitaban en el otro lado del mundo (*La Ciudad de Dios*, XVI.8.2). Se representaban en capiteles, esculturas y miniaturas iluminadas y formaban parte de bestiarios medievales. E incluso contribuyeron a dar sentido a realidades históricas: cuando, en el siglo XIII, la cristiandad se veía intimidada por el rápido e incontestable avance de los mongoles, que llegaron a amenazar directamente el continente europeo y a llegar a sus fronteras nororientales, se llegó a describir a aquellas amenazantes hordas como criaturas antropófagas, con cabeza de perro y costumbres salvajes. Siglos después, cuando Cristóbal Colón llega a la isla de Bohío en su primer viaje al Nuevo Mundo, afirma haber visto hombres con hocicos de perros que comían carne humana. Y aun en los siglos XVII y XVIII, grabados de razas nativas del Nuevo Mundo que tenían los rasgos faciales en el torso, a la manera de los blemias de Plinio, seguían asombrando a una audiencia europea ávida de conocer algo más de aquellos extraños pueblos que estaban más allá del Océano.

Plinio el Viejo configuró la categorización de la alteridad, de todo aquello que encerraban los exóticos límites del mundo. Las criaturas que describió se convirtieron, con el tiempo, en símbolos de lo incivilizado, de lo salvaje, de todo lo que no cabía en la configuración mental y cultural de Europa. San Agustín las categorizó, a su manera, relacionándolas con los conceptos de «monstruo», «portento» y «prodigio», una cuestión que abrió encendidos debates a lo largo de la Edad Media: el hecho de que existieran razas de ese tipo en algún lugar del mundo significaba que eran una creación de Dios, y había que entenderlas como tales. Pero estas criaturas, todo sea dicho, no fueron un fenómeno exclusivamente europeo. Hay abundantes ejemplos de mitos y leyendas sobre hombres con cabe-

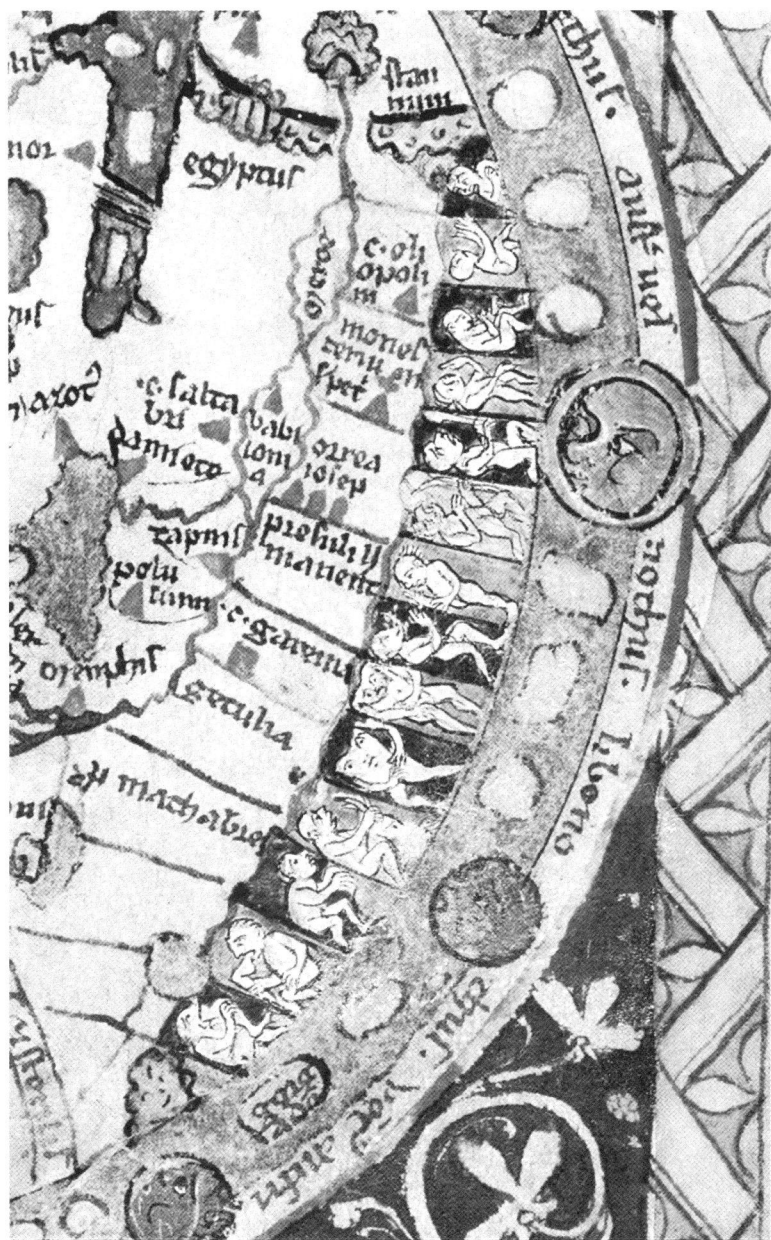

Figura 8. Detalle de las razas que pueblan los márgenes del mundo en el *mappamundi* del Salterio, *ca.* 1262. British Library, Londres. Estas razas, ya descritas por autores de la Antigüedad, forman parte de mapas, bestiarios y representaciones iconográficas medievales y modernas.

za de perro, o con el rostro en el torso, en diversos países y culturas. Son mencionados en textos persas, árabes, chinos, japoneses e hinduistas, entre otros, y tendrán una gran presencia en las descripciones de tierras americanas a partir del siglo XVI. Esto es un indicativo de que las referencias sobre estas criaturas llegaron a gran parte del mundo conocido ya en la Antigua Grecia. En el caso de los textos orientales, es posible que la tradición narrativa helénica llegara al contexto iraní durante el periodo aqueménida, en los siglos VI-IV a.C. Este tipo de representaciones, por tanto, pertenecen a nadie y a todos a la vez. Son adaptadas y versionadas en contextos culturales muy diversos, desde la Antigua Grecia hasta Oriente, desde la Edad Media europea hasta el continente americano, desde las fuentes árabes hasta las japonesas. Por supuesto, no se trata de un patrimonio propio de la Europa medieval; a través de san Agustín, las razas plinianas tuvieron una gran importancia en la configuración de las realidades geográficas y religiosas en el occidente cristiano, pero es una cuestión que hunde sus raíces en la Antigüedad y supone una suerte de nexo entre Europa y Asia, entre África y América. Ya lo decía, hace décadas, Jurgis Baltrušaitis al estudiar, en uno de los libros fundamentales de la historia del arte del siglo XX, las influencias orientales en el arte gótico: «Simultáneamente hacen revivir las fuentes que siempre alimentaron las fantasías y leyendas: la Antigüedad clásica y el Oriente»[21].

Con todo, esto también tuvo una gran importancia en la representación del espacio geográfico en la Edad Media. En el *mappamundi* incluido en el conocido como *Beato de Osma* (1086), un esciápodo llama inmediatamente la atención del espectador. El conocido mapa del Salterio, fechado en torno a 1262, muestra unos límites de la ecúmene poblados por todo un catálogo de criaturas que remiten, en último término, a Plinio: esciápodos, antropófagos, blemias... Un ejemplo visual de lo que escondían esos lejanos límites (Fig. 8). El aún más famoso *mappamundi* de Hereford (*ca.* 1300) contiene también diversas especies extrañas en los extremos meridionales del mundo y en partes de Asia. Dos siglos después, el planisferio de Juan de la Cosa (1500), primer mapa conocido que incluye la representación de América, muestra, en territorio asiático, quizá como recuerdo de la tradición de aquellas criaturas de las que

---

[21] Jurgis Baltrušaitis, *La Edad Media fantástica,* Madrid, Cátedra, 1986, p. 9.

Figura 9. Detalle de un blemio y un cinocéfalo en la carta de Juan de la Cosa, 1500. Madrid, Museo Naval. Muestra la presencia de la tradición antigua y medieval en la representación del mundo a lo largo de los siglos.

llevaban siglos escribiendo, una criatura sin cabeza y con el rostro en el torso, y otra con cabeza de perro haciendo referencia a Gog y Magog (Fig. 9). Y algunos mapas de los siglos XVI y XVII muestran unas criaturas que el explorador inglés Walter Raleigh afirmó haber divisado en Guayana: los ewaipanomas[22]. La presencia de estas criaturas en textos, imágenes y mapas de diversos contextos cultu-

---

[22] Los ewaipanomas eran seres sin cabeza que tenían los rasgos faciales en el torso, a la manera de los tradicionales blemias.

rales, en momentos históricos muy diferentes y representados en distintos lugares, demuestran que muchos de los recursos para dar sentido al mundo vienen de muy lejos, tanto histórica como geográficamente. Nuestra necesidad de dar forma a lo que no conocemos, de otorgar una explicación a aquello que no controlamos, hace que busquemos referencias, ya sea de forma consciente o inconsciente, en tradiciones antiguas y heterogéneas. Las razas plinianas, por tanto, son un vehículo esencial de la difusión de ciertas ideas sobre el mundo entre la Antigüedad, la Edad Media y la Moderna. A fin de cuentas, los teóricos y geógrafos del siglo XVI eran hijos del Humanismo, pero también (y, quizá, sobre todo) de la tradición, dos conceptos que no están separados. Al igual que los europeos que se lanzaban al Océano para conquistar aquellos territorios que se abrían ante sus ojos, los geógrafos tenían consigo una experiencia del mundo transmitida, de generación en generación, durante siglos. Y esa experiencia hacía que identificaran esas nuevas y para ellos desconocidas tierras con las criaturas de las que hablaban los antiguos y los medievales. Los códigos mentales, más allá de la interpretación de la tradición, son, a fin de cuentas, los mismos. Y es algo que iremos viendo a lo largo de este libro.

MACROBIO, O CÓMO HACERSE INMORTAL ORGANIZANDO EL MUNDO

A finales de la década de los 50 a.C., Marco Tulio Cicerón se embarcó en un proyecto bastante ambicioso: seguir los pasos de Platón y escribir una especie de versión latina de *La República*. No era tarea fácil; en esa época, el éxito público y político de Cicerón ya no era, ni de lejos, el que había sido años atrás, y la redacción de una obra de carácter político como en la que se estaba embarcando quizá no era la mejor idea. Pero la obra, a la que llamaría *De re publica (Sobre la república)* tuvo una gran acogida. No en vano, más allá de enemistades y persecuciones, Cicerón seguía teniendo gran autoridad, y *De re publica,* según testimonios de la época, estaba en boca de todo el mundo. Se trataba de un complejo diálogo entre Escipión Emiliano y otros personajes, en el que desgrana diferentes formas de gobierno, cuestiones históricas, de justicia, etc. Es una obra de naturaleza práctica, real, alejada del carácter utópico e ideal de su modelo platónico. De esta forma, *De re publica* se torna una muestra de enorme valor de la teoría política de la Antigua Roma.

Casi 500 años después, un escritor romano del que no sabemos casi nada decidió ofrecer un análisis interpretativo de uno de los fragmentos de *De re publica:* el pasaje en el que Escipión Emiliano tiene un sueño en el cual su abuelo, Escipión el Africano, le aclara su destino y le muestra el universo, la Tierra y el lugar del ser humano en aquel. Ese escritor, que vivió a finales del siglo IV o principios del V, pasó a la historia como Macrobio Ambrosio Teodosio, y su obra, a la que tituló *Commentarii in Somnium Scipionis (Comentarios al Sueño de Escipión)* supone una unión esencial entre la Antigüedad y la Edad Media, y una de las principales vías de transmisión cartográfica del contexto medieval.

De hecho, la aportación de Macrobio no solo es clave en el conocimiento medieval, sino en la propia supervivencia de la obra ciceroniana. Durante siglos, los *Commentarii* (los llamaremos así de aquí en adelante) fueron la única parte conocida del diálogo de Cicerón. Hasta que se intentó recuperar en el siglo XIX, solo se tenía constancia de la obra original a través de Macrobio. Es decir, de alguna manera debemos al autor tardorromano que una de las principales creaciones literarias de la Antigua Roma no se perdiera para siempre en el recuerdo.

A decir verdad, los *Commentarii* no son algo fácil a lo que enfrentarse. Es una obra densa, que maneja conceptos abstractos que pueden ser complicados de entender. Con un claro carácter neoplatónico, Macrobio utilizó diversas fuentes antiguas para hablar de diferentes temas, tales como música, astronomía, numerología, sueños, la naturaleza del alma, etc. Un auténtico compendio (en ocasiones algo confuso) del conocimiento disponible en el contexto antiguo. Quizá el carácter neoplatónico y moral de los *Commentarii* hizo que se convirtiera en una de las obras más citadas, consultadas y versionadas a lo largo de los siglos, sobre todo a partir del IX. De Macrobio no se sabe nada con certeza: ni cuándo nació, ni de dónde era, ni a qué se dedicaba. La falta de evidencias sobre su biografía hace de él una suerte de fantasma que ha sobrevolado siglos de conocimiento y de análisis de su obra, y sobre el cual se han manejado, sobre todo en los dos últimos siglos, todo tipo de teorías en los círculos académicos. Pero eso no evitó que fuera una referencia indiscutible en muchos temas a lo largo de la Edad Media; sus teorías sobre la clasificación de los sueños lo convirtieron en una fuente esencial en el contexto medieval, y, de hecho, el *Roman de la Rose,* uno de los poemas capitales de la literatura medieval francesa y que tuvo un enorme éxito posterior, comienza citando directamente a Macrobio y a sus aportaciones sobre los sueños.

Los *Commentarii* estaban en todas partes durante la Edad Media. Los monasterios solían tener uno o varios manuscritos de la obra, y fue una suerte de libro de texto obligatorio en el contexto académico. Observar los manuscritos medievales de los *Commentarii,* de los cuales se conservan más de 230 (aunque el número debió de ser mucho mayor) es toda una experiencia: muchos de ellos están repletos de anotaciones y esquemas marginales que intentan aclarar la compleja información que alberga el texto. Como ocurría también con otras obras de consulta, como las de Lucano y de Salustio, en abundantes manuscritos conservados podemos intuir la dificultad de los estudiantes a la hora de aprender lo que explicaban esas obras. Es uno de los elementos que, de alguna manera, unen diferentes épocas históricas y distintos contextos tanto geográficos como culturales. Quienes hemos sido estudiantes no podemos evitar sentirnos identificados con un monje del siglo XI que, impotente ante la dificultad de entender lo que está leyendo, se afana en realizar esquemas y recursos mnemotécnicos que le ayuden a aclararse de alguna forma.

Si Macrobio fue una fuente esencial en diversos campos del conocimiento medieval, también lo fue (quizá sobre cualquier otro, teniendo en cuenta sus implicaciones) en el de la astronomía y la geografía. En su libro, el enigmático autor dedica extensos pasajes a describir elementos cosmográficos y geográficos: los planetas, las estrellas, la Tierra, los puntos cardinales, cuestiones climatológicas, etc. Cicerón había imaginado a Escipión y su abuelo sobrevolando la Tierra y observándola desde arriba, mientras el segundo explicaba al primero todo lo que veían: las zonas habitables, la separación de los hemisferios, la influencia de los climas, etc. «Toda la Tierra que habitáis –afirma el abuelo– es estrecha por los vértices, pero ancha por los costados, una pequeña isla rodeada por ese mar que llamáis Atlántico, Gran Mar, u Océano. Pero, tú lo puedes comprobar, ¡qué pequeño es, pese a tan gran nombre!»[23].

---

[23] Macrobio, *Comentario al Sueño de Escipión de Cicerón,* trad. de Fernando Navarro Antolín, Madrid, Gredos, 2016, p. 353.

Macrobio parte de este fragmento para ofrecer una extensa explicación de lo que narra Cicerón. Como en el resto de su obra, él va más allá de lo que dice el romano: analiza su teoría, la relaciona con otros autores e intenta aclarar (quizá complicándolas aún más) las ideas que transmite aquel, que fue «tan parco en palabras como fecundo en datos»[24]. Así, Macrobio describe la Tierra desarrollando la ya antigua teoría de división climática del mundo que vimos en el capítulo anterior: un mundo dividido en una serie de zonas, a modo de franjas, separadas entre sí por el clima que las caracteriza. Más concretamente, seis franjas dispuestas de forma simétrica, tres en el hemisferio norte y tres en el sur, con un Océano central que las separa. Las zonas más cercanas a los polos son las frígidas, inhabitables por el frío, mientras que las que lindan con el Océano central son las tórridas, inhabitables por el calor. Así, las zonas aptas para la vida humana son las templadas, que se sitúan, tanto en el hemisferio norte como en el sur, entre las frígidas y las tórridas.

Esta explicación es confusa, densa y difícil de entender. Soy consciente y, sin duda, Macrobio también lo era. Por eso incluyó en la obra una serie de diagramas e ilustraciones, ya que, según sus propias palabras, «la teoría concebida será más fácil de comprender mediante un dibujo que con palabras»[25]. Así, los *Commentarii* contienen una serie de figuras que muestran diferentes cuestiones: no solo la división de la Tierra en zonas climáticas, sino también otros diagramas que representan la Tierra rodeada de las esferas celestes, la caída de la lluvia sobre ella y la división de los cinturones celestes en relación con los terrestres. Y una de estas ilustraciones es especialmente importante para nosotros: mientras Macrobio explica los cauces del Océano y las zonas habitables del mundo, menciona expresamente un apoyo visual concreto: «Todas estas cosas las puede poner ante tus ojos el diagrama abajo adjunto, gracias al cual verás el origen de nuestro mar, una parte del todo, y las fuentes del mar Rojo y del Índico, y de dónde nace el mar Caspio»[26].

Obviamente no se conserva el manuscrito original de Macrobio, pero por sus palabras parece claro que acompañó su texto de un mapa. Esto tuvo una influencia absolutamente clave en la cos-

[24] *Ibid.*
[25] *Ibid,* p. 357.
[26] *Ibid,* p. 383.

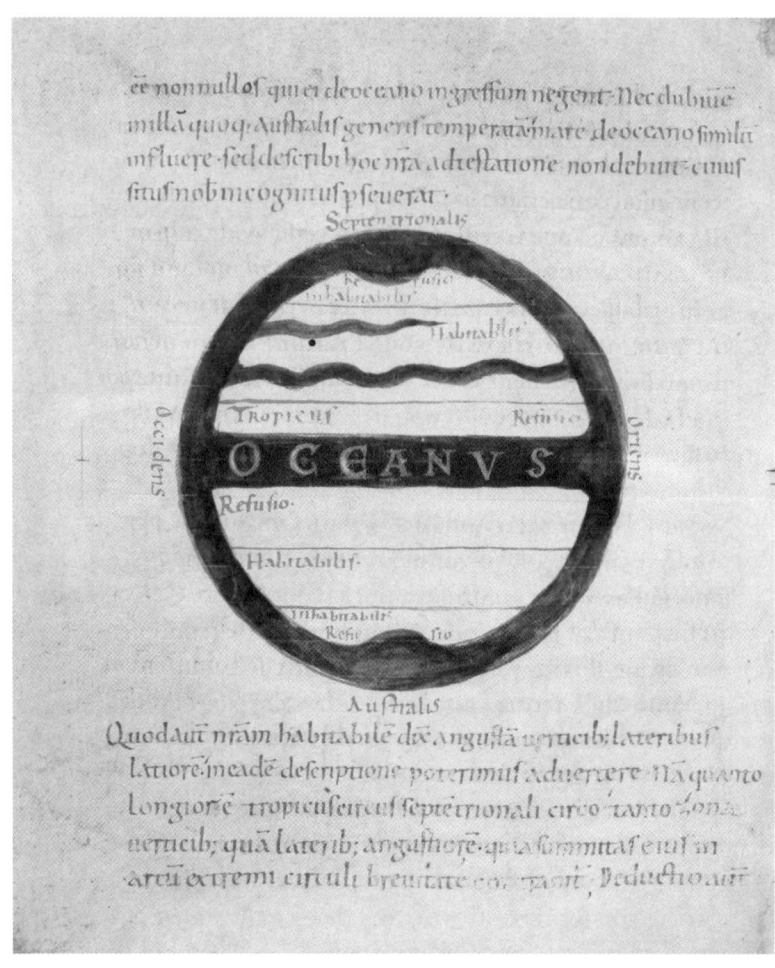

Figura 10. Mapa zonal perteneciente a un manuscrito del *Commentarii in Somnium Scipionis* de Macrobio, siglo X. Fondation Martin Bodmer, Coligny. Se representan las distintas zonas climáticas del mundo, con ambos hemisferios separados por el Océano central.

movisión medieval. Ya hemos dicho que los fragmentos de carácter astronómico y geográfico de los *Commentarii* fueron los que mayor difusión tuvieron a lo largo de los siglos, y eso hizo que los mapas resultantes de estas explicaciones se convirtieran en una referencia visual esencial a la hora de representar el mundo. No en vano, lo que se ha denominado «mapas zonales», que responden directamente a la descripción de Macrobio y, en su mayoría, forman parte

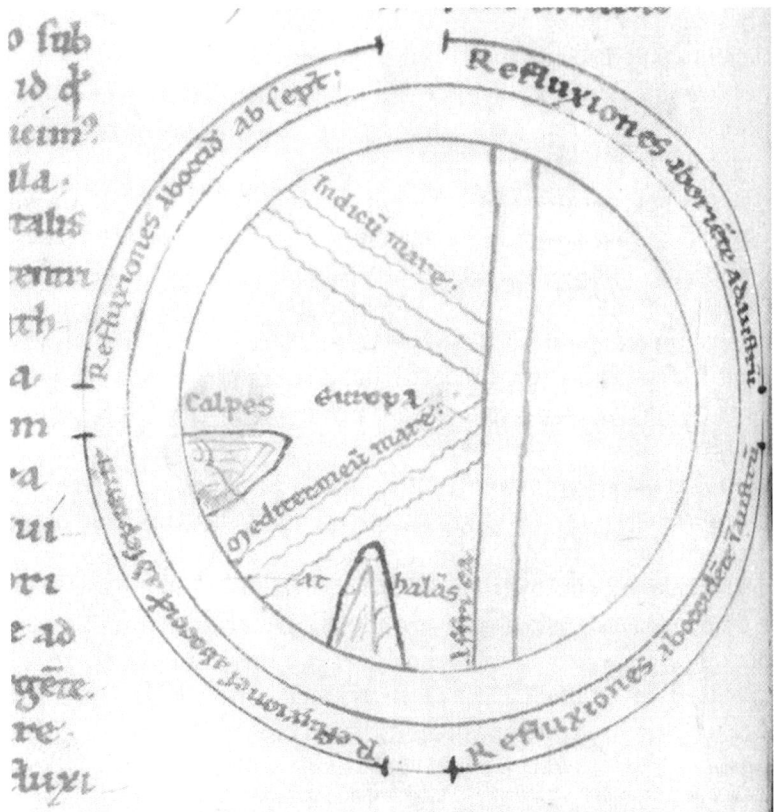

Figura 11. Mapa perteneciente a un manuscrito del *Dragmaticon* de Guillermo de Conches, siglo XII. Bibliothèque Nationale de France, París. Se trata de una versión del mapa zonal de inspiración macrobiana, con la indicación de los mares Índico y Mediterráneo, así como los montes Calpe y Atlas en el extremo occidental.

de manuscritos de la obra, es una de las principales tipologías de mapas del contexto medieval, con cientos de ejemplos conservados (Fig. 10). Y no se trataba, de nuevo, de una tipología estanca, fríamente copiada de un ejemplo a otro, sino de un lenguaje visual dinámico, cuya base representativa (un mundo dividido en una serie de zonas climáticas) era adaptada, completada y replanteada en función de la información que se quería transmitir. En la primera mitad del siglo XII, el francés Guillermo de Conches, uno de los grandes transmisores de la cultura clásica en la Edad Media (glosó textos de Platón, de Boecio y de Séneca, entre otros), escribió una

97

obra llamada *Philosophia mundi.* Se trataba de una suerte de libro de texto para uso académico, en el que abordaba, un poco a la manera de la *Historia Natural* de Plinio, los diversos fenómenos que podían ser observados en el mundo, así como cuestiones filosóficas y teológicas. En esta obra, que sería actualizada años después en su tratado *Dragmaticon,* Guillermo haría referencia a Macrobio y su descripción del mundo, aportando nuevos detalles y explicaciones, y acompañándolos de mapas que tomaban como base la organización zonal de los *Commentarii,* pero completándolos con referencias como los montes Calpe y Atlas en el norte de África, el mar Mediterráneo y los ríos Tanais y Nilo, que, como veremos más adelante, conformaban referentes fronterizos esenciales en la representación medieval del mundo (Fig. 11). El éxito y recepción de la obra de Guillermo hizo que estos mapas llegaran a otro nivel de difusión, y así también la propia figura de Macrobio. Los diagramas originales se siguieron enriqueciendo con nuevas informaciones visuales, tales como islas del Océano, diferentes montes, países, continentes, etc. Así, ya bien entrado el siglo XV, encontramos mapas que intentaban conciliar el tradicional (y muy respetado) esquema zonal del mundo con una representación más acorde a la realidad topográfica. Un mapa incluido en una edición incunable de los *Commentarii* fechada en 1485 muestra las diferentes zonas del mundo a la manera tradicional, pero representando el hemisferio norte, esto es, el norte de África, Europa y parte de Asia, de una forma más reconocible, intentando, tímidamente, conciliar la reputada y lejana tradición antigua y medieval con las nuevas formas de representar, y, por tanto, de conocer el espacio (Fig. 12).

Pero la pervivencia de las teorías climáticas en la cosmovisión medieval y renacentista no se limitaba a los mapas. En 1434, los navegantes portugueses lograron una hazaña histórica: superar el llamado cabo Bojador, en el occidente del continente africano, considerado el último límite conocido del Océano meridional. Más allá de ese punto, todo era oscuro, desconocido, violento, y a quien se atreviera a superarlo le esperaba una muerte casi segura. No solo por el carácter agresivo del viento y de las mareas, que hacían realmente difícil la navegación, sino también porque en la Baja Edad Media se consideraba que ahí comenzaba la zona tórrida, en la que cualquier ser vivo moriría calcinado. Según cuenta la *Crónica de Guinea,* narración de las navegaciones organizadas por el infante por-

breuitate :ōtrah iť.Deductio aūt lateʒ lōgitudie tropici ab utraꝗ pte
diſtēdiť.Deniꝗ ueteres oém habitabilé nřam extétæ clamidi ſimilé eé
dixerūt.Iré ꝗa oís terra in qua & occeanus é:ad quéuis cæleſté circulū
quaſi cétron pūcti obtiet locū:neceſſario de occeano adiecit:Qui tñ rā
to noie ꝗ ſit paruus uídes.Ná licet apud nos athlāticū mare licet ma/
gnū uocef:de cælo tñ diſpiciétibus non pōt magnū uideri:cū ad cælū
terra ſignum ſit & pūctū:quod diuídi non poſſit in ptes. Ideo auté
terræ bɾeuítas tam diligenter aſſerit:ut paru:pédédū ambitū famæ

Figura 12. Mapa de una edición de los *Commentarii*, 1485. Biblioteca Nacional de
España, Madrid. El mapa intenta adaptar la tradición macrobiana con una
delineación reconocible del mundo conocido en la época.

tugués Enrique de Avís hasta mediados del siglo XV, en un principio los marineros se negaban a embarcarse en una aventura suicida como era superar aquel punto y llegar a la zona tórrida, argumentando que era una locura traspasar «los límites que pusieron nuestros padres»[27]. Unos límites que estuvieron planteados por estudiosos de siglos y siglos de antigüedad, de los cuales Macrobio era uno de los principales representantes. No en vano, décadas después de que aquellos navegantes portugueses navegaran más allá del cabo Bojador, Cristóbal Colón tenía un manuscrito de los *Commentarii* como una de sus principales fuentes, al que llenó de anotaciones marginales y que contenía, como no podía ser de otra forma, un mapamundi que mostraba las zonas climáticas del mundo.

Por tanto, Macrobio, aquel misterioso personaje romano del que no se sabía casi nada, vehicula el conocimiento antiguo en el contexto medieval y se convierte en una referencia indiscutible en términos de representación del mundo. Uno de los principales ejemplos de que la visión geográfica y, por extensión, los mapas de la Edad Media no surgen de la nada, no son una negación del conocimiento pagano de la Antigüedad, sino que, por el contrario, aquel conocimiento es tremendamente respetado, consultado y analizado. Tal como Escipión el Africano sobrevolaba el mundo en la narración de Cicerón, Macrobio sobrevuela la Edad Media, pero aterrizando continuamente en ella y haciendo de la representación cartográfica medieval un fenómeno vivo, complejo y heterogéneo.

Marciano Capella y el gran manual de la Edad Media

En algún momento del siglo VI, el obispo e historiador Gregorio de Tours finalizó una obra cuya redacción le había llevado años. Se trataba de un monumental trabajo organizado en diez libros que narraba la historia del mundo desde el Génesis hasta los reinados de los francos, en la época que le tocó vivir. Se trata de una obra compleja, extensa, que le otorgaba una gran atención a la historia del pueblo franco, especialmente conocida por Gregorio. La redacción

---

[27] Eduardo Aznar Vallejo, Dolores Corbella Díaz y Antonio Tejera Gaspar, *La Crónica de Guinea. Un modelo de etnografía comparada,* Barcelona, Bellaterra, 2012, p. 132.

de la obra debió de ser considerablemente exigente para su autor, que tuvo que compaginar su labor como obispo de Tours con el estudio, la lectura y la posterior escritura de su manuscrito, conocido posteriormente como *Historias de los francos.* De hecho, Gregorio finalizó su narración con una cansada súplica a la posteridad: pedía a los obispos que estuvieran al mando de la diócesis de Tours que respetaran su obra, que no la destruyeran ni la modificaran. Que, pasara lo que pasara, la dejaran tal como él la había redactado. «Y aun si a ti, prelado de Dios», pide Gregorio, «seas quien seas, te ha instruido en las siete artes nuestro Marciano, […] te ruego que ni aun así quites lo que he escrito»[28].

Ese tal Marciano al que se refiere Gregorio de Tours es uno de los intelectuales tardoantiguos más consultados y admirados de la Edad Media: Marciano Capella, retórico romano que vivió en el siglo V y que escribió una obra enciclopédica que imbuiría de conocimiento secular el contexto medieval. Como ocurre con Macrobio, no sabemos casi nada con certeza sobre Capella. Su lugar de nacimiento no está claro, pero, según testimonios posteriores, parecía proceder del norte de África, aunque carecemos de evidencias concretas tanto de su origen como de su fecha de nacimiento y muerte. Se ha defendido, no sin cierto debate, que debió de vivir a finales del siglo V y principios del VI, o bien, quizás, algo antes. Se ha hipotetizado que vivió y trabajó en Cartago, según algunos ejerciendo la abogacía. Todo ello son hipótesis. Lo que sí se sabe es que escribió una obra enciclopédica que se convertiría en una referencia absoluta siglos después y que llegó a configurar la organización académica medieval.

No se trata de una enciclopedia al uso. Capella la denominó, con algo de extravagancia, *Las bodas de Mercurio y Filología,* y es justo eso lo que narra: el casamiento de Mercurio, mensajero de los dioses y dios del comercio, con Filología, una joven de gran sabiduría que representa el amor por el conocimiento. En línea con este amor, uno de los regalos que conforman la dote de Mercurio son siete doncellas que darán servicio a Filología, y que no son otras que las siete artes liberales: Gramática, Dialéctica, Retórica, Geometría, Aritmética, Astronomía y Armonía. Así, en los nueve libros que confor-

---

[28] Gregorio de Tours, *Historias,* 10.31, ed. de Pedro Herrera Roldán, Cáceres, Universidad de Extremadura, 2013, p. 416.

man la obra, Capella narra esta unión, y no solo desgrana y explica las características y fundamentos de estas artes liberales, sino que contribuye definitivamente a la formación de lo que se conocería como *Trivium* y *Quadrivium,* base fundamental de la educación reglada a lo largo de la Edad Media.

Así, el autor describe las imágenes alegóricas de cada una de las artes, algo que contribuirá definitivamente a su desarrollo iconográfico en la Edad Media y el Renacimiento. También trata los temas de los que se ocupa cada arte, queriendo ofrecer, a la manera de Plinio, una imagen de todo el conocimiento disponible en la Antigüedad. En realidad, el de Capella es un lenguaje enrevesado y barroco, en ocasiones difícil de entender y, sobre todo, de seguir, repleto de alusiones alegóricas y licencias poéticas. Pero no resulta demasiado original. Apenas aporta información novedosa, y el contenido se basa en un extenso catálogo de autores anteriores, tales como Varrón, Apuleyo, Posidonio y Plinio, entre otros. En el sexto de los nueve libros que ocupan la obra, Capella se encarga de la geometría y, sobre todo, de la geografía, a la que describe como una mujer portando instrumentos de medición y una esfera armilar, con los zapatos destrozados de caminar por el mundo: un motivo iconográfico que se convertiría en estándar a lo largo de los siglos. En su extensa descripción del mundo conocido, Capella se basa fundamentalmente en Plinio el Viejo y Julio Solino para ofrecer una visión general y anacrónica del mundo; general, porque se ocupa de presentar una descripción completa y extensa (la más extensa de toda la obra, de hecho); y anacrónica, porque no se trata de una descripción del mundo conocido en su época, sino en el siglo I, unos 300 años antes. Pero, en cualquier caso, más allá de ofrecer una simple descripción de lugares, Capella se ocupa de otras cuestiones, como la forma y posición de la Tierra, sus dimensiones, sus fenómenos meteorológicos, etc. Una suerte de reflejo del conocimiento disponible sobre las realidades geográficas del mundo conocido.

Como ya se ha comentado, la obra de Capella fue una auténtica sensación en la Edad Media, sobre todo a partir del siglo IX, época en la que los estudiosos carolingios intentaban establecer una relación entre el Imperio carolingio y el pasado romano. Si bien *Las bodas de Mercurio y Filología* ya eran una suerte de libro de texto en muchas escuelas monásticas desde siglos atrás (como parecen indicar las palabras de Gregorio de Tours), el llamado Renacimiento carolingio tomó a Capella como una referencia absolutamente indiscutible. Su obra se leía y se releía, se comentaba, se anotaba, se reinterpretaba e incluso se modificaba. Tanto es así que se han contado más de 240 manuscritos conservados de *Las bodas* a lo largo de la Edad Media –aunque seguramente se hicieron muchos más–. De nuevo, a las personas que leían y escuchaban las alegóricas narraciones de Capella les atraía mucho el carácter neoplatónico de la obra, su defensa de la necesidad de que el alma se libere de las cosas terrenales para llegar a su purificación. En el siglo XIII, el filósofo, profesor y teólogo inglés Alexander Neckam se quejaba, en uno de sus sermones, de que todo el mundo, incluidos los monjes, parecía disfrutar mucho más de *Las bodas de Mercurio y Filología* que del *Cantar de los Cantares,* libro fundamental del Antiguo Testamento.

Esto supuso, como no podía ser de otra manera, que la extensa descripción geográfica del libro VI estuviera disponible en cientos de monasterios, en los planes de estudio de escuelas monásticas y, en definitiva, en las lecturas que toda persona culta debía tener. Es cierto que, quien leyera a Capella, en realidad estaba leyendo, en gran parte, a Plinio y a Solino, este último, de hecho, gran imitador del primero. Pero, en cualquier caso, el conocimiento sobre el mundo disponible en la Edad Media le debía mucho a la alegórica y poética compilación de Capella. De esto se desprende que Marciano se convirtió en una fuente esencial no solo en la descripción, sino en la representación gráfica del mundo en el contexto medieval. Autores paganos, alejados (en principio) de toda cosmovisión cristiana, fueron algunos de los principales responsables del conocimiento geográfico medieval. Y la influencia de sus escritos es muy visible en mapas que toman la obra de Capella como fuente; grandes mapas como el de Hereford y el tristemente desaparecido mapa de Ebstorf, ambos de principios del siglo XIV y de los que nos ocuparemos más adelante, toman al autor clásico como una de las fuentes de información sobre el mundo. Incluso se ha reconocido en Capella la referencia de una tipología propia de mapas medievales, que muestran un mundo dividido en zonas climáticas a la manera de Macrobio, pero incluyendo una línea ecuatorial y referencias a elementos zodiacales.

A partir del siglo XIV, el interés por el trabajo de Capella parece decaer; *Las bodas* no se imprimen hasta 1499, una fecha bastante tardía para un trabajo tremendamente exitoso y difundido en forma manuscrita durante siglos. En comparación con los *Commentarii* de Macrobio, que continuaron viviendo una época de gloria con la llegada de la imprenta, *Las bodas* no fueron demasiado consultadas en el Renacimiento. Pero su absoluto protagonismo en siglos anteriores lo había convertido en una ventana al mundo clásico, un mundo que rebosó las escuelas medievales, los *scriptoria* de los monasterios y, en último término, la visión del mundo durante la Edad Media.

El caso de Capella es un ejemplo fundamental de la vigencia del legado clásico en el conocimiento geográfico medieval y, sobre todo, en su representación cartográfica. En Roma, los mapas son un fiel reflejo del pragmatismo latino, pero, al mismo tiempo, también de su uso simbólico y de representación de poder. Como una suerte de dios Jano que, con sus dos rostros, observa el pasado y el futuro, los mapas y las descripciones geográficas en el contexto romano dialogan con la cosmovisión griega, conviven con el carácter teórico del helenismo, y, al mismo tiempo, continúan ese diálogo hacia el futuro, hacia siglos de referencias representativas que se hunden en los textos latinos. Hemos visto (y seguiremos viendo en capítulos posteriores) que lo clásico es uno de los principales elementos que vehiculan la construcción de la imagen medieval del mundo. Roma siempre está presente, de una manera u otra, al igual que también lo están Grecia y Próximo Oriente. Todas ellas coexisten, dialogan, conviven en una determinada visión del mundo, redefinida y replanteada a lo largo de la Edad Media. Establecer una visión de largo recorrido es la mejor manera de entender una cuestión tan compleja como la de la imagen y representación del mundo en el contexto medieval.

3. La Edad Media

¿Qué es la Edad Media? Difícil pregunta. Sobre todo si tenemos en cuenta que, como ya hemos mencionado en la introducción, se trata de una denominación con un claro carácter despectivo, planteada por los humanistas del siglo XVI que consideraban los más de 1.000 años entre la caída del Imperio romano de Occidente y su propia época una especie de paréntesis oscuro marcado por la superstición y la ignorancia. Pero, por mucho que se empeñen quienes continúan apelando a «lo medieval» a la hora de definir algo turbio, superado y retrógrado, lo que llamamos Edad Media fue, con sus claroscuros (los claroscuros de cada época de la historia, dicho sea de paso) un periodo extenso, complejo y multicausal, ciertamente difícil de enclaustrar en límites cronológicos, culturales, sociales y mentales.

Ocurre lo mismo con lo que hemos denominado mapas medievales. ¿De qué hablamos cuando hablamos de un mapa medieval? Tal como ocurría en el contexto antiguo, creer que en la Edad Media se tenía conciencia de una práctica cartográfica independiente y autónoma nos lleva a una confusión que no nos hace ningún bien a la hora de entender este fenómeno. En primer lugar, porque, como ya comentaba al principio de este libro, el de «cartografía» es un término moderno, no exento de cientificismo, que implica una determinada metodología y una semiótica particular; y, por otro, porque, al igual que en la Antigüedad, en el contexto medieval no se tenía un término específico para referirse a lo que llamamos mapa. Si en la Antigua Grecia se utilizaba la palabra *pinax* o *periodos ges,* en la Edad Media, siguiendo la tradición latina, se hacía referencia a *tabula, pictura, descriptio, forma,* etc. De hecho, una palabra que veremos repetida en este capítulo, *mappamundi* (origen de nuestro mapamundi), no tenía por qué hacer referencia a una representación visual, sino que podía definir una descripción textual del mundo. Todos estos son, por tanto, términos bastante ambiguos, que podían designar casi cualquier tipo de representación gráfica. Simplemente, porque en la Edad Media un mapa era una representación gráfica más. No se entendía una representación visual del mundo (o de un determinado territorio) como algo con su propio lenguaje, su propio método de creación y su propia lectura. La formación, los materiales y los soportes de un mapa medieval eran los mismos que los de cualquier iluminación, fresco y manuscrito. En otras palabras, técnicamente un mapa medieval no se diferencia de una obra de arte, simplemente porque un mapa medieval *es* una obra de arte.

Aun así, desde un punto de vista iconográfico e incluso iconológico, el estudio de los mapas medievales, como cualquier otra tradición representativa, exige de nosotros un ejercicio de análisis, lectura y contextualización concreto, diferente al de otras representaciones. Un ejercicio que debe ser transversal, interrelacionado, que tenga en cuenta no solo sus características y su contexto histórico, social y cultural, sino también las fuentes en las que se basa, el motivo de su creación y su objetivo. ¿Qué nos quiere decir un mapa medieval? ¿Qué información nos transmite, y de qué manera? ¿Por qué debemos considerar un mapa medieval, más allá de su carácter estético y formal, un reflejo incomparable no solo de la cosmovisión, sino también de la cultura medieval, o, mejor dicho, de las culturas medievales? Y, sobre todo, de manera especialmente significativa teniendo en cuenta el tema de este libro: ¿de dónde vienen? ¿Qué fuentes utilizan, y hasta qué punto están relacionados con sus realidades precedentes, contemporáneas y futuras? Algunas de estas preguntas ya se han ido trabajando a lo largo de este libro, y ahora profundizaremos más en ellas.

Pero vayamos por partes. ¿Cuál era la imagen del mundo en la Europa medieval? De nuevo, para ello debemos derribar fronteras cronológicas y culturales, tomar una visión de largo alcance, y, al mismo tiempo, establecer un punto de partida a modo de contextualización. Y con este punto de partida nos adelantaremos a una cuestión que será desarrollada más adelante, pero que resulta esencial aclarar para poder entender lo que vamos a abordar en las próximas páginas.

Si tenemos una mínima idea de representación del mundo en la Edad Media, si hemos leído, en algún momento, cuestiones básicas sobre mapas, geografía e incluso iconografía medieval, seguramente el primer concepto que nos viene a la mente al escuchar «mapas medievales» es el de «mapa de T en O». De hecho, ya los hemos visto en este libro. El de mapa de T en O se ha convertido en un cliché a la hora de hacer referencia a esta época. Pero, como veremos más adelante, si bien definen indudablemente la representación medieval del espacio, no se circunscriben únicamente a este periodo, sino que tienen un origen, probablemente, bastante más antiguo, y continúan siendo fundamentales durante mucho tiempo después de los límites cronológicos que se le han atribuido a la Edad Media. En otras palabras: ni todos los mapas de T en O son medievales, ni todos los mapas medievales son de T en O.

Pero ya hablaremos de ello con mayor profundidad. De momento abordemos lo que son y, sobre todo, lo que representan estos mapas. En realidad, el simple hecho de llamarlos «mapas», al menos en sus primeros ejemplos, es un motivo no exento de debate. Hay quien prefiere llamarlos diagramas o esquemas, pero, para no complejizar demasiado el asunto, los llamaremos mapas en la medida en que suponen una representación visual y gráfica de conceptos geográficos.

¿Qué es un mapa de T en O? En su concepción más básica, es justamente eso: una T inserta en una O. Supone la traslación gráfica de una descripción general del mundo conocido en la Antigüedad y la Edad Media, un mundo dividido en tres continentes (Asia, Europa y África). Si observamos la figura 13, lo entenderemos mejor: Asia, generalmente representada en la sección superior del plano, ocupa la mitad del círculo, mientras que Europa y África comparten la mitad inferior. Y son las fronteras entre estos continentes las que conforman la T: el Mediterráneo (separación entre Europa y África) está representado por el trazo vertical de la T, mientras que el río Tanais (actual río Don, en Rusia, que separaba Asia y Europa en la época), conforma el brazo izquierdo, y el derecho representa el río Nilo, considerado en la Antigüedad la frontera entre África y Asia. Todo ello rodeado por el enorme y siempre presente Océano exterior.

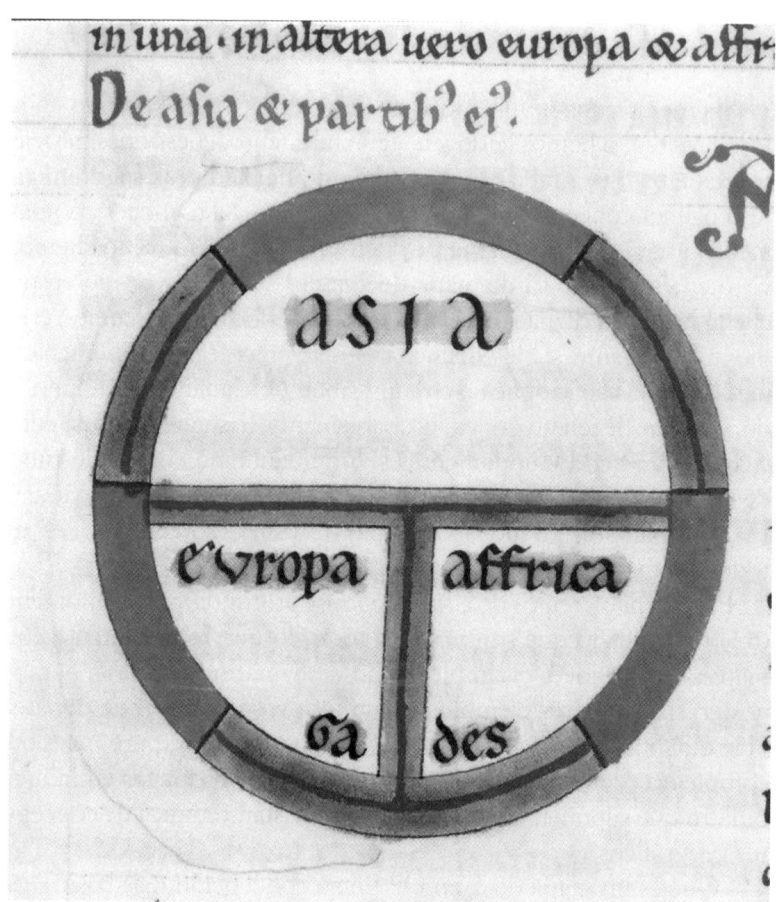

Figura 13. Mapa de T en O de un manuscrito de las *Etimologías* de Isidoro de Sevilla, principios del siglo XIII. British Library, Londres.

A través de autores como Orosio e Isidoro de Sevilla, que, como veremos más adelante, describen el mundo de esta manera, los mapas de T en O son la representación cartográfica por antonomasia en la Edad Media. Debido a su sencilla realización (una T en el interior de una O es algo que podemos dibujar todos, más allá de nuestras diferentes aptitudes para el diseño), se convirtieron en la principal imagen conceptual del mundo, presente en textos, manuscritos, obras de arte, etc. Pero ya hablaremos de ello con mayor profundidad. De momento, basta con que reconozcamos estos mapas al verlos.

Como ya he mencionado, el enorme éxito de los mapas de T en O, y, de forma más general, de una determinada descripción del mundo en la Edad Media, vino dado, entre otras cuestiones, por la gran difusión de una serie de autores que supusieron un puente entre la herencia antigua y las realidades medievales. Uno de los más importantes es, en términos de pensamiento e influencia posterior, la principal figura de finales de la Antigüedad y del primer cristianismo. De nombre Agustín, nació en el año 354 en el norte de África, posiblemente en una familia pagana, si bien su madre parece haber sido una devota cristiana. El joven Agustín, ávido de conocimiento y de encontrarle un sentido a la vida, se acercó durante años a diferentes tendencias filosóficas y a diversos autores clásicos, hasta convertirse al cristianismo con 31 años y llegar a ser obispo de la ciudad númida de Hipona, momento en el que fue conocido para la posteridad como Agustín de Hipona.

Agustín de Hipona (o san Agustín, tal como ha sido conocido en el mundo cristiano) fue, desde su propia época, un personaje tremendamente venerado y respetado. Su erudición y sus escritos, en los que hacía dialogar la tradición filosófica clásica con los fundamentos del joven cristianismo, le convirtieron en una suerte de superestrella después de su conversión. En el 418, san Jerónimo le escribió una carta a Agustín en la que afirmaba, con reverencia y admiración, que este era conocido en todo el mundo como el autor que ha renovado la fe antigua. Y el propio Agustín, en sus *Retractaciones,* narra cómo le llegaron a robar el borrador de su obra *Sobre la Trinidad* porque despertaba demasiada expectación y la gente no podía esperar a que el autor finalizara la versión definitiva (*Retractaciones,* II.15). La historiografía tradicional, dada su enorme influencia posterior, le ha considerado «el padre de la cultura occidental», si bien ese término («cultura occidental» o el más vehemente «civilización occidental») no deja de ser problemático y merecería un debate intenso y profundo al que tendríamos que dedicar un libro entero.

En cualquier caso, Agustín de Hipona fue un puente clave entre el conocimiento antiguo y las nuevas formas de entender el mundo propias del primer cristianismo. Fue, de lejos, el autor más consultado y reproducido en la Edad Media[1]; sin él, sencillamente, no podemos entender el contexto medieval.

Dentro de su enorme producción (redactó más de 400 escritos), Agustín sentó las bases del pensamiento medieval con su famosísima *La Ciudad de Dios,* obra capital que escribió a lo largo de quince años, ya entrando en su vejez, en uno de los contextos más turbulentos de los últimos siglos del Imperio, poco después del traumático saqueo de Roma por parte de las tropas de Alarico en el 410. Es más que conocido qué se proponía Agustín en esta obra: confrontar la ciudad de Dios (el cristianismo), relacionada con la verdad espiritual y la pureza, con la ciudad terrenal, pagana, marcada por el pecado, la corrupción y todo aquello que impedía a los hombres llegar a aquella verdad espiritual para la que el único camino era el cristianismo. Por tanto, *La Ciudad de Dios* es una extensa y compleja apología del cristianismo sobre el paganismo, y, en ella, Agustín hace uso de muchísimos recursos temáticos, desde la historia hasta las extensísimas cuestiones filosóficas que analiza. Como afirmó Peter Brown en la que es la biografía definitiva de Agustín, «*La Ciudad de Dios* es un monumento a la cultura literaria del Bajo Imperio»[2].

Dentro de todo el gigantesco paraguas teórico bajo el que se refugia Agustín para argumentar sus posturas, la geografía ocupa un lugar importante. Aquí, el autor refleja un conocimiento de geografía general que hunde sus referencias en la tradición. Mientras trata lo que él llama «los tres grandes imperios de los paganos» (los sicionios, los asirios y los egipcios), Agustín explica lo siguiente:

> Al hablar de Asia no me refiero a aquella parte que es una provincia de esta Asia mayor, sino a la llamada Asia universal, que algunos han colocado entre las dos, y la mayor parte entre las tres partes de todo el orbe, que serían Asia, Europa y África. Aunque

---

[1] Un proyecto de investigación realizado entre las universidades de Oxford, Pensilvania, París y Helsinki llamado *Mapping Manuscript Migrations* y que ofrece una enorme base de datos de manuscritos realizados en Europa a lo largo de la Edad Media ha demostrado la gigantesca presencia de Agustín en las bibliotecas medievales de la Europa occidental, con la asombrosa cantidad de casi 20.000 manuscritos conservados, de forma total o parcial, de sus obras. El proyecto puede consultarse en [«https://mappingmanuscriptmigrations.org/en].

[2] Peter Brown, *Agustín de Hipona,* Madrid, Acento, 2006, p. 400.

no hicieron esta división con igualdad; pues esta que se llama Asia se extiende desde mediodía por Oriente hasta el septentrión; Europa, desde el septentrión hasta Occidente; y África, desde Occidente hasta el mediodía. De aquí se ve cómo dos partes, Europa y África, ocupan la mitad del orbe, y Asia la otra mitad. Esa división en dos partes se ha hecho así porque entre una y otra penetran desde el Océano todas las aguas que bañan las tierras, dándonos así un mar grande. Por lo cual, si se divide el orbe en dos partes, Oriente y Occidente, Asia estará en una parte, y Europa y África en la otra[3].

Aunque pueda resultar algo confusa, esta descripción recoge una tradición ya presente en los textos geográficos e históricos de la Antigüedad, y se convertirá en la base del conocimiento general del mundo (y, sobre todo, de su representación) a lo largo de la Edad Media. Agustín está reproduciendo las descripciones del mundo realizadas por los autores antiguos, varios de los cuales ya hemos abordado; y, con ello, está describiendo, simple y llanamente, un mapa de T en O. Como veremos más adelante, estos mapas, estos diagramas, esta forma gráfica de ordenar y clasificar el mundo, no surgen de la nada. Son modelos definitorios de la geografía medieval, pero, al mismo tiempo, dialogan con la concepción clásica de las realidades geográficas globales.

Pero Agustín no se queda aquí. El obispo recurre a tradiciones geográficas ya mencionadas en este libro para argumentar algunas de sus ideas. Quizá la más influyente, en este sentido, es la que intenta zanjar, de una vez por todas, uno de los grandes debates geográficos de la Antigüedad: la existencia de las Antípodas. Recordemos: la posibilidad de que, considerando la división climática y claramente simétrica del mundo, existan pueblos desconocidos viviendo al otro lado del orbe, con sus pies enfrentados a los nuestros. Según Agustín, quienes hablan de los habitantes de aquellas remotas zonas de la Tierra se basan únicamente en conjeturas, no en evidencias. No solo se daba el hecho de que nadie había visitado las Antípodas, sino de que nadie podía visitarlas jamás, ya que era imposible cruzar navegando el gigantesco y peligroso Océano que separaba

---

[3] San Agustín, *La Ciudad de Dios,* XVI.XVII, trad. de Carlos Santamarta del Río y Miguel Fuentes Lanero, Madrid, Homo Legens, 2006, p. 652.

ambas partes del mundo. Tampoco nadie había visto a una sola persona que procediera de allí. Por otro lado, para negar la existencia de pueblos en las Antípodas Agustín utiliza un argumento que no carece de una rotunda lógica, teniendo presente el profundo cristianismo del autor: si esos pueblos existieran, tan desconocidos, tan diferentes, tan a espaldas del mundo, significaría que habría razas humanas que no descendían de la estirpe de Adán, y, por tanto, estarían fuera del plan de Dios. Esto era, sencillamente, imposible. Por muy atractiva que fuera la teoría de las Antípodas, no casaba con una forma sincera y honesta de entender el mundo de un cristiano.

Con todo, Agustín no niega tajantemente la existencia de estas tierras al otro lado del mundo, sino el hecho de que estuvieran habitadas; no le da la espalda al conocimiento precedente en este sentido, sino que, como hace en otras muchas partes de su obra, lo intenta adecuar a una cosmovisión cristiana que sería esencial en siglos posteriores. De hecho, la estela de Agustín en la cuestión de las Antípodas, que sería comentada y analizada por muchos pensadores medievales, aún estaba de plena actualidad cuando, a finales de 1492, las noticias sobre una parte del mundo desconocida más allá del Atlántico recorrieron Europa. El *shock* de este descubrimiento para los europeos no se debió solo a que esas tierras existieran, sino a que estaban habitadas por numerosos pueblos y, sobre todo, a que no estaban bautizados ni conocían la palabra de Dios. ¿Había estado equivocado san Agustín? Y lo que era más preocupante: ¿estaban equivocadas las Escrituras? ¿De verdad existían tierras más allá del Océano habitadas por gente que no estuviera regida por la palabra de Dios, echando por tierra la principal idea ecuménica del cristianismo? Los teólogos y teóricos del siglo XVI se afanaron en intentar encontrar una explicación a esto. No se trataba de negar a Agustín, y mucho menos los escritos bíblicos, sino de intentar justificar, en ocasiones con complicados y enrevesados recursos que complejizaban aún más el problema, el hecho de que lo que los europeos estaban descubriendo durante esos años casaba difícilmente con lo que habían afirmado los grandes autores de la Antigüedad y la Edad Media, tales como Macrobio, Marciano Capella y Agustín de Hipona.

Pero, más allá de ello, de la cuestión de las Antípodas se desprende un hecho absolutamente fundamental no solo a la hora de entender la visión y representación del mundo en la Edad Media, sino también de derribar la principal idea preconcebida referente al pensamiento medieval: la de una supuesta creencia general en una Tierra plana.

La gran mentira

Hagamos un experimento. Preguntemos a cualquier persona que nos diga unas pocas ideas que le vengan a la mente al escuchar las palabras «Edad Media». No dejemos que las piense demasiado; pidámosle que nos diga lo primero que se le ocurra en relación con ese concepto. Si quien está leyendo estas líneas es docente de secundaria o de universidad, probablemente ya lo haya hecho en el aula. Se trata de un recurso interesante a la hora de valorar las ideas preconcebidas que tiene la opinión pública sobre la Edad Media. Es un experimento que suelo hacer con frecuencia cuando me toca impartir clases o seminarios sobre este tema, tanto con alumnado de secundaria como en los primeros cursos de universidad, y, de hecho, lo he practicado en conversaciones informales con familia y amistades. A veces surgen conceptos ambiguos y poco definidos como «pasado», «lejano» o «aburrido», algo que debería hacernos reflexionar seriamente a quienes nos dedicamos a esa etapa histórica. También se lanzan términos algo más específicos como «castillos», «guerras» o «reyes», producto de un imaginario construido por cientos de cuadros, novelas, películas y videojuegos a lo largo del tiempo. Pero, de forma casi invariable, en casi todas las ocasiones, aparecen ideas como «oscuridad», «barbarie», «ignorancia» y, muchas veces, «Tierra plana».

La supuesta creencia medieval de la planitud de la Tierra suele formar parte de lo que muchísimas personas adscriben a ese periodo. Es rara la vez en que no se mencione la idea de una Tierra plana como algo asociado a la Edad Media, especialmente si preguntamos cómo creían que era el mundo en aquel entonces. Ya hemos visto cómo esta idea ha estado presente en libros y manuales sobre historia del conocimiento geográfico, y, aunque cada vez más estudios contradicen con evidencias este cliché, la idea sigue estando profundamente arraigada en el imaginario colectivo.

Pero ¿de dónde surge este tópico? No se trata de una cuestión estética, ni de tradición visual, por lo que la influencia del cine y los videojuegos no parece constituir el origen, al menos no de forma única. Sí es cierto que nos hemos educado con referencias de cultura popular que incidían en esa idea, a través, por ejemplo, del famoso (e imaginario) episodio del huevo de Colón, narrado por primera vez por el italiano Girolamo Benzoni en su *Historia del Nuevo Mundo* (1565). Según esta escena, Colón invitó a una serie de nobles españoles a poner un huevo de pie, algo que no fueron capaces de hacer y logró el propio genovés rompiendo levemente su base. Con ello, Colón les mostró que, una vez conseguida una hazaña como la suya, era fácil repetirla: lo difícil era hacerla por vez primera. Este episodio, insisto, nunca tuvo lugar, pero es muy popular a la hora de ejemplificar la nueva visión de un fenómeno, el hecho de innovar en algo que, una vez visto, puede ser fácilmente reproducido; en el caso que nos ocupa, muestra una supuesta separación entre la ciencia «moderna» y la «anticuada» tradición teológica en lo que respecta a la forma de la Tierra. De hecho, muchas personas vimos, en nuestra infancia, el episodio del huevo de Colón en *Érase una vez... Las Américas,* y uno de los éxitos más sonados de la Orquesta Mondragón a principios de los años noventa del siglo pasado se titulaba, justamente, «El huevo de Colón». Durante generaciones nos hemos criado con la idea de un Cristóbal Colón que, por medio de recursos como el del huevo, demostraba a los retrógrados e ignorantes sabios de la Junta de Salamanca la esfericidad de la Tierra.

¿Por qué ha tenido tanta cabida la supuesta idea medieval de la planitud de la Tierra en el imaginario popular? En realidad, no hay una sola respuesta, pero merece la pena dedicar unas páginas a desentrañar el motivo y, sobre todo, el origen de este malentendido. Para ello, debemos retroceder, según algunos, al siglo XVII. James Hannam, en un interesantísimo libro sobre los fundamentos medievales de la ciencia, menciona que ya podemos ver este mito de la mano de Francis Bacon (1561-1626), que afirmaba que los geógrafos medievales que defendían la esfericidad de la Tierra eran juzgados por impiedad[4]. También, se ha afirmado que, en una época de enconadas luchas entre protestantes y católicos, los primeros se dedicaron a difundir el mito para desacreditar a los segundos. En

---

⁴ James Hannam, *God's Philosophers. How the Medieval World Laid the Foundations of Modern Science,* Londres, Icon Books, 2009, p. 43. Véase también Perez Zagorin, *Francis Bacon,* Princeton, Princeton University Press, 1998, p. 50.

1764, el mismísimo Voltaire citaba a san Agustín y Lactancio como representantes de la teoría de la planitud de la Tierra en su *Diccionario filosófico,* y, con esa arrogancia ilustrada, atacaba a Lactancio y a los que, según él, lo habían seguido: «Lactancio y los demás charlatanes que han opinado como él, se quedarían asombrados si vieran cómo es en realidad el sistema del mundo»[5].

Con todo, y como demostró Jeffrey Burton Russell en su clásico *El mito de la Tierra plana,* esta idea se materializa definitivamente, y de manera generalizada, en el siglo XIX. Una época, como ya hemos visto, marcada por un profundo positivismo centrado en encontrar explicaciones perceptibles y demostrables a los problemas naturales. En este contexto, la idea evolutiva de la ciencia llevaba a que esta fuera considerada una suerte de camino lineal que iba superando obstáculos y supersticiones, y, como nos podemos imaginar, en este sentido la Edad Media no salió muy bien parada.

En febrero de 1826 llegaba a Madrid uno de los grandes literatos estadounidenses de todos los tiempos: Washington Irving. Había sido contratado en la embajada de Estados Unidos para que tradujera al inglés una serie de escritos del historiador Martín Fernández de Navarrete sobre los viajes de Colón. Según el propio Irving, la tarea le resultó algo aburrida, y no estaba muy convencido del interés general que despertarían esos documentos, más allá del mundo académico. Por ello, decidió dar un paso más y convertir la vida de Colón en una obra novelada, accesible y de fácil lectura, proyecto que le llevó alrededor de un año de trabajo y se publicó en inglés a principios de 1828 con el título *The Life and Voyages of Christopher Columbus (La vida y viajes de Cristóbal Colón).* La obra fue un éxito absoluto, haciendo que el propio Irving realizara una versión abreviada poco después y convirtiéndose en la biografía sobre Colón más conocida y consultada por los lectores angloparlantes.

Es curioso hasta qué punto Washington Irving es el responsable del imaginario contemporáneo de diversas cuestiones, desde determinadas iconografías asociadas a la Navidad (que se deben a su novela *Old Christmas*) hasta la muy representada leyenda de *Sleepy Hollow,* pasando por la supuesta creencia medieval de la planitud de la Tierra. En su novelada biografía de Colón, en la que, siguiendo el estilo propio del autor, no faltan los elementos satíricos y humo-

---

[5] Voltaire, *Diccionario filosófico,* vol. 2, Buenos Aires, Sophos, 1960, p. 57.

rísticos, Irving sitúa al navegante intentando convencer a los sabios de la Junta de Salamanca de la viabilidad de su proyecto de llegar a las Indias cruzando el Océano hacia Occidente. El tribunal ante el que Colón hablaba, formado por astrónomos, geógrafos, matemáticos, teólogos y sabios de otras diversas disciplinas, era escéptico ante la propuesta del navegante. Y, según Irving, lo era porque no se creían que la Tierra fuera una esfera. Merece la pena recuperar el fragmento en el que el estadounidense, haciendo gala de cierto paternalismo que no deja de ser claramente decimonónico, justifica la actitud de la Junta:

> Muchas de las objeciones y reparos puestos por aquella docta corporación han llegado hasta nosotros, y excitado más de una sonrisa a expensas de la Universidad de Salamanca. Pero no debemos juzgar a los miembros de aquel instituto sin tener muy presente la época en que vivieron. Vagando los hombres en un laberinto de controversias sutiles, habían retrogradado en su carrera y retrocedido de la línea limítrofe del antiguo saber. Así al iniciarse la discusión se vio Colón atacado no por principios geográficos, sino por abstracciones, citas y argumentos de varios escritores sagrados. Se mezclaban los sistemas de las diferentes escuelas con las discusiones filosóficas; y se concedían las demostraciones geométricas tan solo cuando no se oponían las interpretaciones de los textos que se citaban[6].

A continuación, Irving afirma que Colón tuvo que responder a una serie de argumentos que, en palabras del autor, «tenían más de piadosos que de científicos»[7]. Esos argumentos se basaban en el hecho de que la Tierra era plana, para lo que los teóricos citaban a autores como Lactancio (al que luego acudiremos), san Pablo y las propias Escrituras, de las que se infería que la Tierra era una enorme superficie plana cubierta por el cielo como si fuera una cortina. «¿Cómo podemos admirarnos de las dificultades y dilaciones que sufría en las cortes», se pregunta Irving, «cuando hasta los sabios de las universidades estaban tan atrasados?»[8].

---

[6] Washington Irving, *Vida y viajes de Cristóbal Colón,* Madrid, Gaspar y Roig, 1851, p. 18.
[7] *Ibid.*
[8] *Ibid.*

Con todo, y siendo justos con Irving, el estadounidense apunta que hubo miembros de la Junta que admitían la esfericidad de la Tierra, pero, aun así, afirmaban que no se podría llegar a un hemisferio opuesto habitable debido al enorme calor de la zona tórrida. En realidad, y como se ha explicado infinidad de veces, la Junta de Salamanca sí tuvo reparos en convencerse de la viabilidad del viaje planteado por Colón, pero no porque pensaran que la Tierra era plana (nadie pensaba eso), sino porque las dimensiones de la Tierra calculadas por el navegante, y, por tanto, la distancia hacia las Indias, eran erróneas. Pero el mito ya estaba bien difundido en la primera mitad del XIX.

El éxito de la obra de Irving fue tal, que, a principios de 1829, menos de un año después de la publicación de su biografía sobre Colón, fue nombrado académico honorario de la Real Academia de la Historia. Las ediciones de la biografía no dejaron de imprimirse, y a mediados del siglo XIX vio la luz la traducción al español. En un panorama de búsqueda de una identidad nacional y de un relato heroico de las grandes gestas del pasado, las disquisiciones de Colón ante la Junta de Salamanca se convirtieron en un motivo literario y, sobre todo, artístico de primer orden. No son pocas las pinturas historicistas que muestran a un serio Colón, con gesto grave y orgulloso, incluso heroico, rodeado de mapas, cartas náuticas y globos terráqueos, ante dubitativos personajes eclesiásticos con el ceño fruncido y actitud de rechazo. Pintores como Emanuel Leutze (1841) e Ignacio Merino (1863) tomaron esta escena como motivo representativo, y la imagen de un Colón sobrio, convencido, responsable de la superación de un modelo de imagen religiosa, antigua, del mundo, absurdamente defendida por la escolástica medieval, pasaría a formar parte inseparable del imaginario colectivo.

Más allá de eso, la supuesta planitud de la Tierra en la Edad Media respondía a un debate que estaba de plena actualidad en el siglo XIX: el llamado conflicto entre ciencia y religión. No en vano, se trata de uno de los pilares del positivismo decimonónico, y el caso de la esfericidad de la Tierra era un recurso muy socorrido para tomar parte en él. Así lo hizo el inglés John William Draper (1811-1882), matemático, médico y químico, y autor de un libro de gran éxito con el indicativo título de *History of the Conflict between Religion and Science (Historia del conflicto entre la religión y la ciencia),* escrito en 1875. El nombre de la obra no deja lugar a la duda en cuanto a su contenido: como convencido cientificista, Draper afirmaba que la religión, fundamentalmente la católica, había constituido siempre un freno al conocimiento científico, y el desarrollo de la ciencia chocaba frontalmente con los planteamientos religiosos. En otras palabras, una no podía convivir con la otra. Eran, sencillamente, del todo incompatibles. Se trataba de una visión muy en línea con el liberalismo decimonónico, pero un libro de esas características, y sobre todo con tanto éxito editorial (fue traducido a varios idiomas muy poco después de su edición original), era bastante innovador y, de hecho, supuso un auténtico terremoto. Se publicaron respuestas, más o menos furibundas, a la tesis principal de la obra de Draper, que, dicho sea de paso, mostraba una visión bastante simplista y reduccionista del conocimiento natural de otros contextos históricos y culturales.

Según Draper, la religión empezó a separarse de la ciencia desde los mismos inicios del cristianismo, cuando este comenzó a adquirir poder político. En cambio, el conocimiento científico era puro por naturaleza; «[la ciencia] jamás intentó sembrar el odio entre los hombres ni desolar la sociedad. Jamás ha aplicado el tormento físico ni moral, ni menos ha matado, para realizar o promover sus ideas; no ha cometido crueldades ni crímenes, y se presenta pura y sin mancilla», afirma Draper en el prólogo de la obra[9]. Curiosa afirmación, justo en una época en la que la expansión colonial de las potencias europeas se basaba, en gran parte, en teorías supuestamente científicas de superioridad racial que justificaban el exterminio de culturas enteras.

Como no podía ser de otra forma, la esfericidad de la Tierra era, para Draper, un elemento central que había separado ciencia y religión a lo largo de los siglos. Según el autor, la religión, desde sus inicios, había defendido de forma invariable y violenta el hecho de que la Tierra era un enorme plano cubierto por el cielo y con el infierno bajo su superficie. «Tan pronto como el hombre empezó a razonar sobre este asunto», afirma, «tuvo que desconfiar de la afirmación de que la Tierra era un plano indefinido»[10]. Por tanto, la afirmación y demostración de la esfericidad de la Tierra se había

---

[9] John W. Draper, *Historia de los conflictos entre la religión y la ciencia,* Madrid, 1876, pp. LXXX-LXXXI.

[10] *Ibid.,* p. 158.

convertido en una lucha entre la razón (la ciencia, el estudio y el conocimiento) y la fe (la religión, la superstición y la superchería). Por un lado, encontraríamos a los astrónomos de la Antigüedad, injustamente olvidados y negados durante la Edad Media (Draper llega a aseverar que la cristiandad no produjo un solo astrónomo durante más de 1.000 años), así como figuras ya tópicas en el asunto como Galileo, Colón y Toscanelli; por otro, estarían las figuras intelectuales del cristianismo que se habían afanado en intentar encajar las evidencias con los dogmas de la fe. Y menciona, como personajes clave en este asunto, a Cosmas Indicopleustes, Lactancio y san Agustín.

A partir de Irving y de Draper, a los que se sumarían reconocidas figuras como Andrew Dickson White, fundador de la Universidad de Cornell, el mito de la creencia medieval en la planitud de la Tierra llegó a asentarse con un tremendo éxito en la conciencia de finales del siglo XIX y el XX. Aunque hubo voces bastante autorizadas que demostraban con claridad la incoherencia de estas ideas, este mito estaba cada vez más asociado al imaginario sobre ese periodo, tanto en la cultura popular como en manuales y obras divulgativas escritas por gente muy respetada. En una obra de consulta sobre historia de las ideas geográficas aún utilizada en universidades se afirma que, si bien en la Edad Media la visión de la Tierra como un disco plano era mayoritaria, había «unos pocos» que aceptaban la idea de un planeta esférico[11]; e incluso Daniel J. Boorstin, aclamado investigador, premio Pulitzer de Historia y director de la Biblioteca del Congreso en Washington, desdeñaba el conocimiento científico medieval en su obra de gran éxito *Los descubridores.* Boorstin nos presenta a Cosmas Indicopleustes como referente de las ideas medievales sobre el mundo, a partir del cual «una legión de geógrafos cristianos» ofrecía su propia versión «del plano de las Escrituras»; es más, afirma que en la Edad Media «despreciaban la ciencia pagana, que consideraban una amenaza para la fe cristiana»[12]. Como digo, *Los descubridores* es una de las principales obras de Boorstin, figura de gran prestigio que vendió millones de copias de sus libros alrededor del mundo.

---

[11] Preston E. James y Geoffrey Martin, *All Possible Worlds. A History of Geographical Ideas,* Londres, John Wiley & Sons, 1981, p. 42.

[12] Daniel J. Boorstin, *Los descubridores,* Barcelona, Grijalbo, 1986, pp. 117-118.

De hecho, es habitual que se recurra a Cosmas, Lactancio o san Agustín para defender la teoría de la creencia medieval de la planitud de la Tierra. Todos los autores que he mencionado lo hicieron. Y hay que decir que, en parte, no se equivocaron. Retrocedamos 1.500 años desde la época de Draper e Irving, y acudamos, en primer lugar, a Lactancio. Nacido a mediados del siglo III en el África romana, lo poco que se sabe de su vida es que fue profesor de retórica y tuvo una amplia formación clásica. En un momento dado, el emperador Diocleciano lo envía a Bitinia, en Asia Menor, para enseñar retórica, tras lo cual se convierte al cristianismo, lo que le supone la pérdida de su trabajo por la persecución contra los cristianos que Diocleciano llevó a cabo a partir del 303. Después de este hecho, que, al parecer, le hizo pasar grandes penurias económicas, empezó a escribir diversas obras defendiendo las doctrinas cristianas. La principal, y por la que sería conocido, es una extensa y exaltada apología del cristianismo a la que llamaría *Divinae Institutiones (Instituciones divinas)*.

Organizada en siete libros, *Instituciones divinas* es una ardiente defensa de los dogmas cristianos y un ataque a la tradición pagana desde diversas perspectivas. Demostrando un gran conocimiento de filosofía grecolatina, Lactancio critica todas aquellas teorías que parecían atentar, según él, contra los dogmas de la fe cristiana. Y una de ellas era, precisamente, el hecho de que la Tierra fuera un globo. En este sentido, toma partido en el debate sobre la existencia de las antípodas para negar tajantemente esa idea: «¿Hay alguien tan ignorante que crea que hay hombres cuyos pies están por encima de sus cabezas? ¿O que todo lo que hay a nuestro lado puede estar al revés?» (*Instituciones Divinas,* III.24.1)[13]. Según Lactancio, quienes habían incurrido en ese error durante siglos habían demostrado una ignorancia que no les permitía darse cuenta de que, si eso fuese así, todos los objetos caerían hacia la parte contraria del mundo. Y, haciendo gala de una impaciencia que quizá nos dé una idea de su carácter, afirma:

> Yo, por mi parte, podría demostrar con muchos argumentos que no puede suceder en absoluto que el cielo esté debajo de la

---

[13] Lactancio, *Instituciones divinas,* 1, ed. de Eustaquio Sánchez Salor, Madrid, Gredos, 1990, p. 323.

tierra; y lo haría si no fuera porque ya tengo que acabar este libro y todavía me quedan algunas cosas cuyo tratamiento es más necesario en esta obra (*Instituciones Divinas,* III.24.11)[14].

Con esta tajante conclusión, Lactancio da carpetazo al tema, pasando a otras cuestiones que consideraba menos absurdas que el hecho de que la Tierra, tal como habían defendido los filósofos antiguos, fuera una esfera, en consonancia con la esfericidad de los astros y el propio universo.

Unos siglos después de Lactancio, un navegante griego que ha pasado a la historia con el nombre de Cosmas Indicopleustes[15] escribió una obra que se convertiría en una suerte de tópico del pensamiento medieval. Este marino de Alejandría vivió en la primera mitad del siglo VI, y parece haber tenido una vida llena de aventuras: fue comerciante y, como tal, viajó a lugares tan exóticos como Ceilán, Etiopía y Eritrea. Tras años de navegaciones, intercambios y, seguramente, grandes experiencias, Cosmas se retiró al Sinaí, ingresó en un monasterio como monje y dedicó el resto de su vida al trabajo espiritual. Fue entonces cuando escribió una obra llamada *Topographia Christiana,* en la que narraba algunas de sus experiencias, detallaba algunos de los lugares que había visto y, lo más importante, describía la realidad siguiendo al pie de la letra las Escrituras, sin tener en cuenta el carácter simbólico y alegórico de los escritos bíblicos.

Así, en su obra, Cosmas relacionaba la forma del mundo con la del Tabernáculo de Moisés, el templo rectangular construido por los israelitas bajo las instrucciones de Dios según el libro del Éxodo. El mundo, por tanto, tenía forma de tabernáculo, una forma plana, cuadrangular y con el cielo cerrándolo a modo de bóveda, a la manera de un cofre. Esta excéntrica descripción se completa con la existencia de una gran montaña en el norte del mundo; a diario, el Sol pasa detrás de la montaña, que lo oculta durante la noche y vuelve a emerger a la mañana siguiente.

Por tanto, Lactancio y Cosmas tienen, fundamentalmente, dos cosas en común. Por un lado, la defensa de una Tierra plana produc-

---

[14] *Ibid.,* p. 325.

[15] Su nombre en griego, Κοσμᾶς ὁ Ἰνδικοπλεύστης, significa «Cosmas, el que navegó a la India». Siglos después se le otorgó este nombre.

to de la interpretación de las Escrituras y de los dogmas del primer cristianismo; y, por otro, el hecho de que sus teorías fueron mayormente ignoradas durante toda la Edad Media. Prácticamente nadie consideró esas descripciones como algo a tener en cuenta. Lactancio fue muy criticado por teóricos posteriores, y no ejerció gran influencia en la forma medieval de entender el mundo; y Cosmas ni siquiera fue conocido en gran parte de Europa. Es más, solo se tiene conocimiento de tres manuscritos griegos de la *Topographia Christiana* a lo largo de la Edad Media, y no fue traducido al latín hasta el siglo XVIII. Apenas se conocía su descripción fuera de un reducido contexto bizantino. Pero eso no impidió que, tiempo después, tanto Lactancio como Cosmas fueran utilizados como modelos del pensamiento medieval en torno a la forma del mundo. El carácter ciceroniano de la dialéctica de Lactancio fue bastante valorado por los humanistas del siglo XV, y Cosmas se convirtió en metáfora de la supuesta excentricidad de la Edad Media después de su traducción latina y, sobre todo, de su traducción al inglés en el siglo XIX.

Pero, si la influencia de Lactancio y Cosmas y de sus teorías de la planitud de la Tierra fue virtualmente nula en la Europa medieval, ¿qué evidencias tenemos de lo contrario? Es decir, ¿cómo podemos estar seguros de que, en la Edad Media, prácticamente todo el mundo tenía conocimiento de su esfericidad? Digamos que se trataba de una combinación de referencias antiguas, observación, sentido común e investigaciones científicas. Ya en la Antigüedad, se sabía que el hecho de que la Tierra era redonda era algo que se podía observar fácilmente y argumentar de la manera más lógica, tanto desde la teoría como desde la práctica. Filósofos como Pitágoras, Platón y Aristóteles demostraban con argumentos teóricos la esfericidad de una Tierra que flotaba en el universo; una esfericidad que la relacionaba con la del resto de los astros y del propio universo. Más allá de ello, cualquier persona podía darse cuenta de la forma de la Tierra desde la simple observación atenta; el propio Aristóteles afirmaba que, en los eclipses, la sombra que la Tierra refleja en la Luna es circular, de lo que se desprendía que se trataba de una esfera (*De caelo,* 279a). Y toda persona que hubiera visto un barco alejarse en el horizonte se daba cuenta de que, al perderse de vista, no desaparecía por completo, como si se cayera desde una superficie plana hacia la inmensidad, sino que primero desaparecía, poco a poco, el casco, y luego las velas.

Obviamente, este conocimiento no se perdió. También en la Edad Media se podía observar el mismo fenómeno desde los puertos. Las obras de los pensadores clásicos que hablaban, sin ambigüedades ni tapujos, de la esfericidad de la Tierra (y eran la mayoría) se leían y se comentaban en diferentes contextos culturales, en ambientes cristianos, bizantinos, hebreos e islámicos. Ya hemos visto que Agustín de Hipona, cuando aborda la cuestión de las antípodas, muestra un claro conocimiento de la esfericidad. Y autores posteriores como Paulo Orosio (siglo V) e Isidoro de Sevilla (siglo VII), de los cuales hablaremos más adelante, utilizan el término latino *orbis* para referirse a la Tierra.

Este último detalle, todo sea dicho, es objeto de debate, y en realidad no tiene por qué ser indicativo de la conciencia de la esfericidad. En latín, *orbis* puede hacer referencia tanto a una esfera como a un círculo; es frecuente ver la expresión *orbis terrarum* u *orbis terrae* en las fuentes medievales, y eso puede ser traducido como «globo terrestre» o «círculo terrestre». Isidoro de Sevilla, por ejemplo, es ciertamente ambiguo en esta cuestión; en sus famosísimas *Etimologías,* fundamental compilación del saber antiguo y altomedieval, Isidoro describe la Tierra (el orbe) como un círculo semejante a una rueda, de lo que se puede inferir que la entendía como una enorme estructura circular plana (*Etimologías,* XIV.2). Pero en otras secciones de la obra indica claramente su esfericidad; menciona, por ejemplo, que el eje de la Tierra cruza por la parte central de la esfera (*Etimologías,* XIII.5.3), describe las zonas climáticas como círculos alrededor de la esfera de la Tierra (*Etimologías,* XIII.6.1), y narra que Augusto había establecido la *pila* (término latino para «pelota» o «esfera») como un estandarte para representar el globo terrestre y mostrarlo a las naciones que estaban sometidas a él (*Etimologías,* XIII.3.4). No resulta sencillo llegar a una conclusión definitiva y sin aristas de lo que pensaba Isidoro sobre la forma de la Tierra, y, de hecho, aún existen grandes debates al respecto y hay quien se inclina a proponer que Isidoro no lo tenía claro, que parecía estar más cómodo con la supuesta planitud y que, en realidad, era una cuestión que no le interesaba demasiado[16]. Pero, como hemos visto, diversas afirmaciones vertidas en su obra indi-

---

[16] James Hannam, *The Globe. How the Earth Became Round,* Londres, Reaktion Books, 2023, p. 217.

can lo contrario, que Isidoro, como heredero y adaptador del conocimiento antiguo que había llegado hasta él, sí que tenía conciencia de esa esfericidad.

En cualquier caso, y a pesar de la gigantesca influencia de Isidoro de Sevilla en el conocimiento medieval (y, como veremos, en la representación del mundo), la forma esférica de la Tierra fue defendida por prácticamente todos los teóricos que abordaban el tema. Poco después de Isidoro, el monje irlandés Beda (*ca.* 670-735), al que hemos dejado redactando sus intensas líneas sobre la pervivencia de Roma al principio del capítulo 2, escribió una serie de obras y tratados sobre diferentes cuestiones (su *Historia ecclesiastica gentis Anglorum [Historia eclesiástica del pueblo de los anglos]* sigue siendo una fuente clave para el estudio de la Alta Edad Media en Inglaterra), convirtiéndose en una de las figuras académicas y científicas más respetadas de la Europa medieval. Dos de sus obras más influyentes abordaban cuestiones naturales: *De natura rerum (Sobre la naturaleza de las cosas)* y *De temporum ratione (Sobre el recuento del tiempo)*. En ellas, al contrario que Isidoro, del cual era orgulloso admirador y reproductor, Beda no deja lugar a la ambigüedad sobre la forma de la Tierra. En *De temporum ratione,* lejos de inducir al error, afirma que la Tierra es redonda, pero no como un escudo o una rueda (sutil recado a Isidoro), sino como una pelota. Y, basándose en fuentes antiguas como Plinio, argumenta que, si la Tierra no fuera esférica, los amaneceres y los atardeceres ocurrirían al mismo tiempo en todo el mundo, cuando eso no era así, sino que dependía del lugar en el que uno se encontrara. En *De natura rerum* hace uso de un argumento parecido: Beda apunta que observamos diferentes astros en función de dónde nos encontremos; las estrellas que podían ver él y sus lectores, presumiblemente habitantes de regiones más septentrionales, no coincidían con las que verían quienes vivieran más al sur, de lo que se deduce que la Tierra es una esfera.

Los escritos de Beda tuvieron un enorme éxito en Europa durante siglos. En un estudio realizado hace ya tiempo, el medievalista Max Lainster logró enumerar más de 1.500 manuscritos supervivientes con obras de Beda, totales o parciales, a lo largo de la Edad Media, aunque el número, con total seguridad, es bastante mayor[17].

---

[17] M. L. Laistner y H. H. King, *A Hand-list of Bede Manuscripts,* Ithaca, Cornell University Press, 1943.

Es cierto que se trata de un número general, que tiene en cuenta todas las obras del monje (que tuvo una producción bastante amplia), por lo que no indica específicamente la supervivencia de sus trabajos científicos y, en particular, de sus demostraciones de la esfericidad de la Tierra. Pero cuando observamos la constante presencia de las obras científicas de Beda en el contexto académico carolingio, queda claro que sus aportaciones no solo estaban muy presentes en las bibliotecas (toda persona culta, al menos hasta finales de la Edad Media, contaba con una copia de *De natura rerum* o *De temporum ratione* entre sus libros de consulta), sino que fue un libro de texto esencial para los estudiantes. En el ya mencionado «Renacimiento carolingio», y luego con el desarrollo de la escolástica y de las universidades en los siglos XII y XIII, los trabajos de Beda eran manuales absolutamente fundamentales. Por tanto, cualquier persona mínimamente ilustrada sabía perfectamente que la Tierra era una esfera.

Por supuesto, Beda no era un oasis en el desierto. No se trataba del único que afirmaba, sin ambages, que vivimos en una enorme superficie esférica. Como digo, era algo ampliamente aceptado: prácticamente todos los autores que abordaban cuestiones naturales y cosmográficas, desde Dicuil (siglo VIII) hasta Pierre d'Ailly (siglo XV), pasando por Guillermo de Conches (siglo XII), Pedro Abelardo (siglo XII) y Miguel Escoto (siglo XIII), entre muchos otros, demostraban con argumentos lógico-científicos que así era, tanto retomando ideas clásicas como haciendo nuevas aportaciones. Y las comparaciones gráficas, recursos de primer orden para que los estudiantes asumieran fácilmente estas cuestiones, eran abundantes: en el siglo XII, Guillermo de Conches explicaba que la Tierra está en el centro de un universo esférico como la yema lo está en el huevo; un siglo después, Gautier de Metz, en su obra *L'Image du Monde,* argumentaba que un hombre podía recorrer la Tierra como una mosca que camina alrededor de una manzana; y a finales del XIII, Matfre Ermengaud, en su poema *Breviari d'amor,* comparaba la Tierra con una manzana metida en el agua.

No en vano, la principal obra astronómica estudiada en las universidades durante siglos fue un tratado escrito por el monje y astrónomo Juan de Sacrobosco en 1271, llamado precisamente *De sphaera mundi (Sobre la esfera del universo).* Aunque sabemos realmente pocos datos fiables sobre su vida, Sacrobosco fue profesor de la joven Universidad de París, que llevaba unas escasas décadas de vida. Probablemente al ver las dificultades que tenían los alumnos para comprender cuestiones astronómicas (el alumnado ingresaba en las universidades con alrededor de catorce años), decidió escribir una obra a modo de libro de texto, con un lenguaje sencillo y asequible, pero sin dejar de lado la rigurosidad científica, un modelo idóneo para que fuera utilizado por estudiantes.

A fin de cuentas, la aparición de *De sphaera,* tal como fue conocido generalmente, es una respuesta a los tiempos que le tocó vivir a Sacrobosco, unos tiempos especialmente efervescentes en cuestiones de estudio e investigación. En la época, la ciencia árabe y hebrea, y, por tanto, el conocimiento antiguo que traían consigo, estaban en un estrecho diálogo con las fuentes latinas medievales. Las obras científicas escritas en árabe eran muy reclamadas, y muchos estudiosos se afanaban en traducir tratados árabes al latín (ya hemos visto la importancia de Gerardo de Cremona y de su traducción del *Almagesto* de Ptolomeo). No había ninguna contradicción en admirar, estudiar y promover el conocimiento de otras culturas, tanto en el contexto cristiano como en el árabe y el judío. Así, Sacrobosco tenía a su disposición un nutrido catálogo de fuentes de todo tipo, tanto antiguas como árabes y cristianas, y se basó en ellas así como en su experiencia docente para redactar un tratado que explicaba la composición esférica del universo. La esfera, como indica el título, se convierte en el hilo conductor de la obra, en la que Sacrobosco explica la forma esférica del universo y de los astros que lo componen, la relación entre ellos, las diferentes partes del universo, las zonas de la Tierra, etc. Así, el autor muestra claramente que la Tierra es una esfera, utilizando el argumento, ya usado por Beda y por los autores clásicos, de la diferencia en la hora del amanecer y del atardecer en función de en qué lugar nos encontremos. Además, ofrece un sencillo ejemplo para demostrarlo, ejemplo que ya veíamos, de nuevo, en la obra de Beda: si alguien que estuviera en algún lugar septentrional del mundo empezara a viajar hacia el sur, llegado un momento dejaría de ver determinados astros y encontraría otros nuevos. Si la Tierra fuera plana –argumenta– serían visibles siempre las mismas estrellas, sin importar dónde nos encontremos.

En realidad, Sacrobosco no se detiene demasiado en demostrar la esfericidad de la Tierra; se trata, simplemente, de dos breves parágrafos en el contexto de una amplia presentación del cosmos.

Pero el enorme éxito de *De sphaera* y su gran aceptación entre diferentes contextos académicos hizo que cualquier persona, por poco instruida que fuera, hubiera aprendido rápidamente sobre esa esfericidad. Profesores de la gran mayoría de universidades europeas hicieron uso, de forma casi inmediata, de la obra de Sacrobosco en sus clases, y, aunque el autor escribió su obra en latín (idioma del conocimiento por antonomasia), el interés por *De sphaera* superó el contexto académico y las traducciones a lenguas vernáculas no tardaron en sucederse. Era, en palabras de la investigadora Kathleen Crowther, el libro que todo el mundo leía[18]. Y, después de la introducción de la imprenta a mediados del siglo XV, la explosión fue aún mayor: algunas investigaciones han llegado a encontrar más de 200 ediciones diferentes de la obra entre 1472 y 1673[19].

El enorme éxito de *De sphaera,* como vemos, contribuyó a que cualquier persona mínimamente formada tuviera una clara concepción esférica del mundo. Numerosos manuscritos y ediciones de la obra incluían anotaciones marginales, ilustraciones y diagramas que ayudaban a comprender los conceptos que ofrecía Sacrobosco, tal como ocurría en los manuscritos altomedievales de los autores latinos abordados en el capítulo anterior. A fin de cuentas, como afirmaba Macrobio, ciertas teorías son más fáciles de comprender con dibujos que con palabras. Y en los manuscritos y ediciones de *De sphaera* podemos encontrar muchísimas ilustraciones que demostraban la esfericidad de la Tierra: aun en el siglo XVII, las versiones de esta obra solían incluir dibujos de globos terráqueos que explicaban visualmente cómo y por qué los mástiles de los barcos desaparecían en el horizonte antes que los cascos (Fig. 14).

De hecho, el recurso a representaciones gráficas para que los lectores entendieran por qué se sabía que la Tierra era esférica no era extraño. Este tipo de ilustraciones acompañaba las copias de obras tan difundidas como la ya mencionada *L'Image du Monde* de Gautier de Metz, en las que los copistas dibujaban el globo con dos pequeños personajes que partían caminando en direcciones opuestas y se encontraban al otro lado del mundo (Fig. 15). Esto se relacio-

[18] Kathleen Crowther, Ashley Nicole McCray *et al.,* «The Book Everybody Read: Vernacular Translations of Sacrobosco's Sphere in the Sixteenth Century», *Journal for the History of Astronomy* 46/1 (2015), pp. 4-28.

[19] *Ibid.*

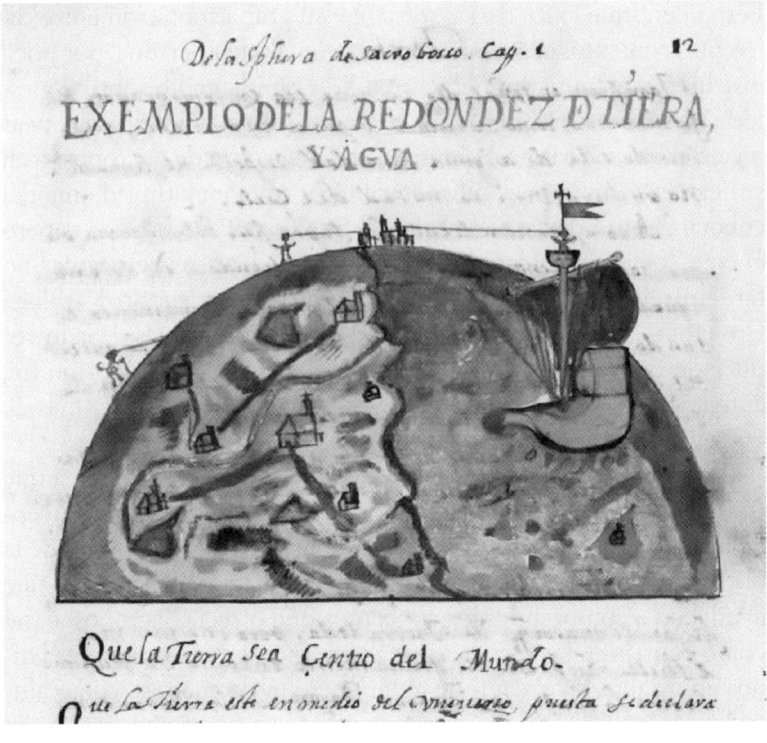

Figura 14. Ilustración perteneciente a un manuscrito del *Tratado de la Esfera* de Juan de Sacrobosco, *ca*. 1633. Biblioteca Nacional de España, Madrid. Muestra gráficamente la esfericidad de la Tierra, indicando cómo el mástil de un barco es lo último que desaparece en el horizonte.

na con un hecho de gran importancia: *L'Image du Monde* no era una obra de carácter puramente académico. Se trataba de un poema, en lengua vernácula, destinado a llegar a un amplio espectro de público, no solo a personas formadas. Esta cuestión se traduce en una pregunta fundamental en lo que respecta a las concepciones de la esfericidad de la Tierra: ¿se tenía esa concepción fuera del contexto culto y académico? Una persona que no hubiera puesto un pie en una universidad o en un monasterio, ¿creía que la Tierra era plana?, ¿se preocupaba por esas cuestiones, a fin de cuentas?

La respuesta a estas cuestiones es, clara y sencillamente, que no lo sabemos. Quizá la solución más obvia, siendo realistas, es la de la última pregunta: seguramente, gran parte de la población de la Europa medieval no se interesaba demasiado por saber si la Tierra

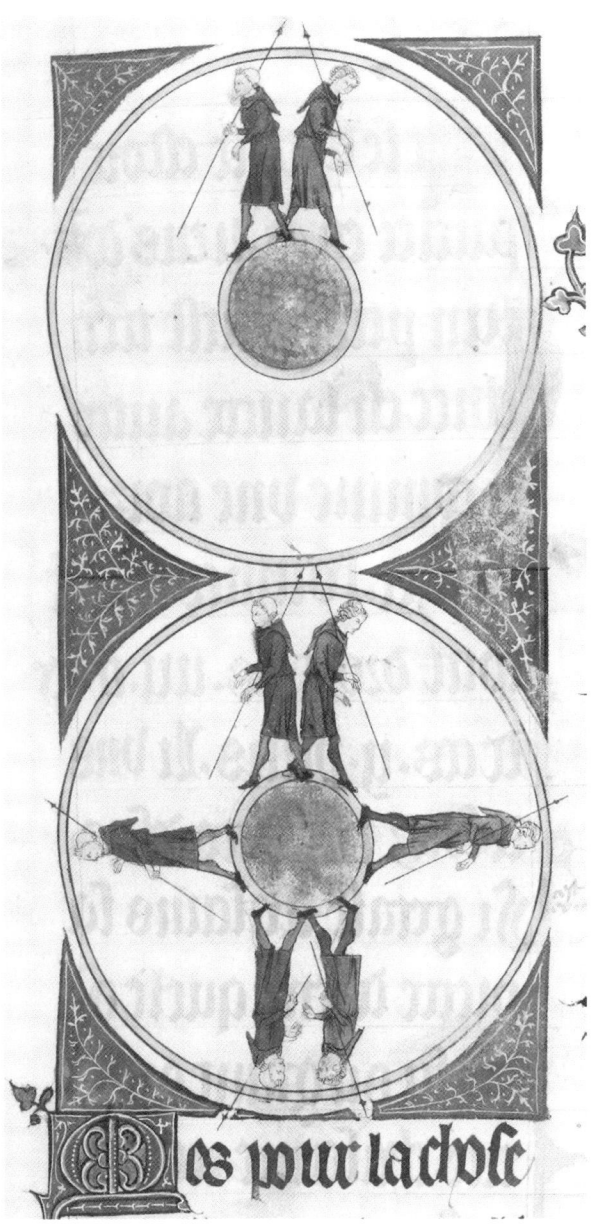

Figura 15. Ilustración perteneciente a un manuscrito de *L'Image du Monde* de Gautier de Metz, *ca.* 1320. Bibliothèque Nationale de France, París. La ilustración explica la esfericidad de la Tierra mostrando a dos personajes que, partiendo del mismo lugar en direcciones diferentes, acabarán encontrándose al otro lado del mundo.

era esférica, plana o con forma de rueda. Eran cuestiones más pragmáticas las que le preocupaban. Por otro lado, no tenemos fuentes directas de la población medieval que nos indiquen una conciencia clara e inconfundible de la esfericidad de la Tierra. Pero sí tenemos evidencias materiales que podían estar a disposición de un amplio número de personas, y que indican claramente esa esfericidad. A fin de cuentas, el objetivo de Gautier de Metz al escribir *L'Image du Monde* era poner a disposición del público una suerte de enciclopedia accesible y fácil de comprender (de hecho, está considerada la primera obra de carácter enciclopédico escrita en francés), pero no estaba destinada al grueso de la sociedad, sino a aquellas personas laicas de una cierta cultura. A su vez, el *Breviari d'amor* de Matfre Ermengaud, en el que se compara la Tierra con una manzana que sobresale del agua, es la obra de un trovador, escrita en verso y en dialecto occitano (pronto traducido, por cierto, a otros idiomas como el castellano), lo que indica que estaba destinado a llegar a una audiencia relativamente extensa. Pero eso no significa que las menciones a la esfericidad de la Tierra tuvieran una especial resonancia; si no se sabe demasiado sobre la difusión oral del contenido de ciertas obras trovadorescas, mucho menos sabemos si esas líneas en concreto fueron divulgadas de una u otra manera por los juglares, es decir, fuera del contexto cortesano y noble.

Pero existen indicios de la posible difusión de estas ideas más allá de estos contextos. Un ejemplo está en una de las obras de mayor éxito de la literatura épica medieval: *Alexandreis,* del francés Gautier de Châtillon (siglo XII), una difundidísima narración de las hazañas de Alejandro Magno, basada en la obra de Quinto Curcio Rufo, algo que, de nuevo, conforma un diálogo entre las narraciones antiguas y las medievales. De hecho, en los últimos años se ha estudiado (aún no con total profundidad) el papel de esta obra en la difusión medieval de las ideas geográficas de la Antigüedad, y existen bastantes manuscritos del *Alexandreis* que contienen mapas acompañando al texto. No en vano, la figura de Alejandro estaba muy de moda en la Europa del siglo XII. Por gran parte del continente se cantaban las hazañas de aquel rey pagano que tuvo el mundo a sus pies; miles de personas escuchaban las lejanas aventuras de Alejandro, que pronto se convirtió en uno de los grandes héroes de la época, un auténtico caballero medieval símbolo de valor, grandeza y logros de conquista. En esto tuvo mucho que ver el enorme éxito de la narración de Gautier de Châtillon, que, casi desde su aparición, fue disfrutada por lectores de toda Europa y se adaptó a numerosas lenguas vernáculas (como el famoso *Libro de Alexandre,* obra principal del mester de clerecía).

En un momento dado de su *Alexandreis,* Gautier nos presenta a un joven Alejandro que avanza hacia Persia y amenaza el Imperio del rey Darío. Este, preocupado ante los tempranos éxitos del joven macedonio, le envía una carta en la que hace referencia a su juventud y le conmina a regresar junto a su madre. En un gesto burlón y casi insultante, le hace entrega de unos regalos, entre los que se encuentra una pelota para que juegue. Encolerizado ante tal provocación, Alejandro transmite a los emisarios de Darío lo que simboliza ese regalo para él:

> La interpretación que yo hago de los regalillos de vuestro rey es más exacta y más atinada: la forma redonda de la pelota se refiere muy acertadamente a la forma esférica del redondo orbe que yo voy a someter a mi dominio[20].

No cuesta demasiado imaginarnos la recepción de esta escena entre los numerosos lectores y audiencia de la obra de Gautier. Se trata de solo una de entre las varias evidencias de la difusión de la esfericidad de la Tierra entre un público más amplio que el meramente académico y culto. Obras de enorme éxito en la Europa bajomedieval, tales como los *Viajes de John Mandeville* (una de las principales obras de literatura de viajes medieval) y, sin ir más lejos, la *Divina comedia* de Dante, mencionan expresamente el carácter esférico del orbe. Lo que resulta más difícil es tomar la parte por el todo y considerar estas menciones como una prueba irrefutable de la presencia constante y amplia de esta idea en la sociedad. Pero sí nos ayuda acudir a otros vehículos visuales que nos pueden dar más indicaciones.

En este sentido, uno de los motivos iconográficos más habituales a la hora de representar el poder político o divino sobre el mundo es el orbe. Parte fundamental de los atributos de gobernantes desde la Antigüedad, el globo es un recurso que podemos ver habitual-

---

[20] Gautier de Châtillon, *Alejandreida,* trad. de Francisco Pejenaute Rubio, Madrid, Akal, 1998, pp. 137-138.

mente sostenido por reyes, emperadores y figuras divinas como símbolo de su poder sobre el mundo. Ya lo vimos, de hecho, siendo sostenido por la propia ciudad de Roma en la *Tabula Peutingeriana*. Como evolución de un motivo ya presente en el arte antiguo (podemos encontrarlo en monedas de la época de Adriano), las insignias de poder medievales y modernas incluían el *globus cruciger*, una esfera rematada con una cruz, inconfundible símbolo del control del cristianismo y de los gobernantes cristianos. Lo vemos, por ejemplo, como atributo habitual de los emperadores del Sacro Imperio Romano Germánico (sobre todo Carlomagno). Lo encontramos en manos del rey Harold II de Inglaterra en la escena de su coronación en el impresionante tapiz de Bayeux (finales del siglo XI). Está presente en retratos de figuras regias e imperiales a lo largo de los siglos, desde Federico V hasta Isabel I de Inglaterra, y aún forma parte de los *regalia* de diversas monarquías; sin ir más lejos, medio mundo vio, el 6 de mayo de 2023, cómo el recién coronado Carlos III portaba un *globus cruciger* como parte de sus atributos simbólicos.

Este tipo de globo también está habitualmente presente en las artes figurativas cristianas en manos del Niño Jesús y en la tradición iconográfica del *Salvator Mundi* en el arte renacentista y moderno. Como han apuntado investigadoras como Sandra Sáenz-López Pérez, muchas veces presentan una disposición interna propia de los mapas de T en O: una línea horizontal que recorre el centro del globo, y otra vertical desde su base hasta la intersección de la horizontal[21]. Son abundantes estas representaciones en las artes plásticas de la Edad Media; quizá uno de los ejemplos más conocidos nos lo ofrece el *Retablo de san Cristóbal* (siglo XIV), conservado en el Museo Nacional del Prado y que nos muestra a Cristo sobre los hombros de san Cristóbal, sosteniendo, en su mano izquierda, un diagrama de T en O que contiene evocaciones gráficas del agua, el aire y la tierra, o la figura del emperador Augusto en el manuscrito enciclopédico *Liber Floridus* (*ca.* 1120), del flamenco Lambert de St. Omer, en el que, entronizado, sostiene una espada en su mano derecha y un mapa de T en O en la izquierda, en esta ocasión con los nombres de cada uno de los continentes.

---

[21] Sandra Sáenz-López Pérez, «El mundo como una manzana en la palma de la mano: el pomo y su relación con la cartografía medieval», *Anales de Historia del Arte* 23 (2013), pp. 437-549.

No hace falta hacer una búsqueda demasiado concienzuda para darnos cuenta de la extensa presencia de este motivo en las artes figurativas medievales. La esfericidad del orbe, es decir, de la Tierra, es evidente en obras escultóricas y altorrelieves, como el *antependium* dorado de la Catedral de Basilea (principios del siglo XI), conservado en el Museo Cluny y que representa a Cristo sosteniendo el orbe esférico con el crismón, el alfa y el omega.

Sí que es cierto que esta presencia en representaciones bidimensionales (como retablos, frescos y manuscritos) no tiene por qué evidenciar una imagen esférica de la Tierra; a fin de cuentas, aunque la posición de la mano de los portadores de este objeto nos indica que están sosteniendo una esfera, lo que estamos viendo es un simple mapa de T en O, un círculo. Tengamos en cuenta, no obstante, que no puede (o no podía) ser de otra manera. Hasta el redescubrimiento de la perspectiva en el siglo XV, los artistas medievales tenían problemas a la hora de representar un objeto tridimensional en una superficie bidimensional. Pero eso no significa que no conocieran la forma real de lo que representaban. Al igual que no se nos ocurriría decir que, por dibujar ciudades y edificios planos en manuscritos medievales, se pensaba que las ciudades y los edificios eran planos en la vida real, no tenemos por qué dar por hecho que no podían saber que la Tierra era esférica porque la dibujaban como un círculo. Podemos aducir que se trata de una comparación algo simplona (veían ciudades y edificios constantemente, mientras que la percepción del entorno no les daba la sensación de vivir en una enorme esfera), pero ese es otro debate. Lo que nos interesa es que podemos ver, en un gran número de representaciones de este tipo (y varias de las que hemos mencionado, como el tapiz de Bayeux), un intento de mostrar el carácter esférico de la Tierra por medio de la manera en que era sostenida. Un ejemplo especialmente ilustrativo está en el retablo de la abadía de Westminster, en Londres, realizado a mediados del siglo XIII (Fig. 16). Construido para el altar mayor, es una de las obras clave de la retablística gótica inglesa. La sección central del retablo está dominada por la figura de un Cristo en actitud de bendición, que sostiene una preciosa esfera sobre su mano izquierda. La esfera no muestra un mapa de T en O, sino una detallada y exquisita escena organizada en tres planos que dialogan entre sí: por un lado, el cielo con los astros; por otro, una bucólica imagen con árboles, ovejas pastando y un ave emprendiendo el vue-

Figura 16. Detalle del orbe sostenido por Cristo en el retablo de Westminster, *ca.* 1270-1280. Westminster Abbey, Londres. El orbe contiene escenas celestes, terrestres y acuáticas, y la posición de las manos de Cristo indican que el orbe tiene forma esférica.

lo; y, por último, en la parte inferior, un entorno acuático con una pequeña embarcación, presumiblemente llevada por pescadores. Por tanto, al igual que en el *Retablo de san Cristóbal,* estamos viendo una representación de tres elementos fundamentales en el mundo: aire, tierra y agua, una representación que, por otro lado, es bastante habitual en los mapas medievales. La posición de la mano de Cristo, con la palma hacia arriba, y la sensación de cierto peso de la figura del orbe no dejan lugar a dudas: lo que estamos viendo es, claramente, una esfera. Un objeto tridimensional, que muestra los elementos que conforman el globo en el que vivimos.

Y volvemos a la pregunta principal: ¿son estos ejemplos, y los muchos otros disponibles, evidencias de que la esfericidad de la Tierra era un hecho generalmente aceptado más allá del contexto académico y culto en la Edad Media? ¿Nos indican una transmisión efectiva de esa cuestión en la sociedad? No lo podremos saber nunca con total certeza, y seguramente era, a efectos pragmáticos, lo que menos le interesaba a la mayor parte de la gente. Pero lo que sí podemos saber es que los vehículos encargados de la transmisión de determinadas ideas muestran, frecuentemente, esa concepción.

Aun así, la Europa medieval es un universo de realidades. La gran complejidad de este contexto o, más bien, de este bosque de contextos hace que no nos resulte fácil emitir un juicio definitivo sobre cuestiones de las que, quizá, no tenemos demasiadas evidencias. Pero, en vistas de la información que tenemos, lo que resulta claro es que la creencia de una Tierra plana, en la que los navíos se caían al llegar a su límite, no forma parte de la cosmovisión medieval. Forma parte, en todo caso, de lo que se le atribuyó a la Edad Media siglos después. La concepción medieval del mundo era claramente diferente a la nuestra. Se pensaban cosas distintas. Tendemos a pensar que vivimos en un mundo racional, construido desde el conocimiento y derivado de un desarrollo científico que nos ha permitido superar los «errores» del pasado. Pero no ha sido hasta mediados del siglo XX cuando se ha dado una *Flat Earth Society* que difunde teorías anticientíficas para intentar demostrar que la Tierra es plana, y que ha encontrado en las redes sociales un altavoz cada vez más potente. Desde luego, ahora se da mucha más voz a quienes defienden esa idea. Se les invita a platós de televisión, se les otorga altavoces públicos, se les da la oportunidad de llegar a millones de personas. Y parece que el mensaje está calando. En 2021 se realizó una encuesta sobre teorías conspirativas a casi 1.500 estadounidenses; un 10% de las personas encuestadas aseguraban que la Tierra es realmente plana, y que llevan siglos engañándonos[22]. Ideas de ese tipo son visibles en cientos de publicaciones y comentarios en redes sociales, y parece que, con el éxito de los idearios trumpistas y negacionistas, la cosa va a más.

Quién iba a pensar que, en realidad, si hay una época de negacionismo y de terraplanismo, es precisamente la que nos ha tocado vivir.

---

[22] Lawrence Hamilton, «Conspiracy vs. Science: A Survey of U.S. Public Beliefs», University of New Hampshire, 25 de abril de 2022, disponible en [https://carsey.unh.edu/publication/conspiracy-vs-science-survey-us-public-beliefs].

EL MUNDO DESDE UNA ATALAYA. PAULO OROSIO

Volvamos, después de este paréntesis, al África romana del siglo V. Agustín de Hipona ya era una gran estrella, conocido en gran parte del mundo cristiano. Cada vez llegaba más gente a la ciudad para conocerle, para hablar y aprender de él. Para convertirse en sus discípulos, a fin de cuentas. Uno de esos seguidores había navegado desde la península ibérica para dar con la persona que más admiraba. Se dice que su marcha desde su hogar no fue voluntaria. Él mismo afirmaría, tiempo después, que había sido perseguido y encarcelado por quienes él llamaba «los bárbaros», posiblemente las poblaciones germánicas que estaban llegando al sur de Europa en la época. Sea como fuere, pronto se convirtió en el más fiel seguidor de Agustín, y en su más cercano colaborador. Se llamaba Paulo Orosio, y, a pesar de estar bajo la sombra de una de las principales autoridades filosóficas de Occidente, se convirtió en un personaje esencial en la configuración de la visión del mundo en la Edad Media.

Con Orosio volvemos a un problema que ya es casi un cliché en lo que respecta a los personajes de este tipo en la época: la ausencia de datos fiables sobre su vida. No se sabe con certeza su lugar de nacimiento, aunque muchos lo sitúan en la ciudad de Braga. Más allá de lo que narra él mismo en su obra y de algunos detalles sueltos aquí y allá (por ejemplo, Agustín, en una de sus muchísimas cartas, contaba que Orosio había llegado a él «desde el extremo de Hispania»), sabemos muy poco de su juventud. Lo que sí está mejor documentado es su llegada a África (ya superando la treintena), su encuentro con Agustín y la estrecha relación que surgió entre ellos.

En realidad, el motivo del viaje a África de Orosio no está exento de debate. ¿Fue para conocer a Agustín y aprender de su filosofía? ¿Su objetivo era buscar una solución a las pugnas ideológicas entre diversas facciones del cristianismo que se estaban dando en la época? ¿O la razón principal fue huir de la península y aprovechó para ir rumbo a Hipona? No está del todo claro, y hay opiniones bastantes diversas. Sea como fuere, parece que el encuentro entre ambos se produjo en el 414, y entraron en confianza rápidamente. Poco después de su llegada, Agustín pidió a Orosio marchar hacia Palestina para conocer a Jerónimo (responsable de la traducción de la Biblia del hebreo al latín) y discutir algunas cuestiones teológicas.

A su vuelta a África, el hispano escribió la obra con la que su nombre se haría inmortal: *Historiarium adversos paganos (Historias contra los paganos).*

A decir verdad, cuando llegó a Hipona en el 414, Orosio no era un joven imberbe sin conocimientos. Ya he comentado que estaba en su treintena, y parece que había tenido una sólida formación intelectual, tanto clásica como cristiana, lo que ha llevado a la aceptación general de que procedía de una familia de la alta sociedad. Orosio tenía un gran dominio de la retórica, así como de lo que podríamos llamar, en términos actuales, cultura general. Quizá por eso se convirtió pronto en hombre de confianza de Agustín. De hecho, cuando empezó a escribir su gran obra, Orosio ya había escrito algunas otras, y seguramente sus temporadas en Hipona y en Jerusalén, así como sus conversaciones con algunas de las grandes figuras intelectuales de la época, le permitieron seguir construyendo una sólida cultura. Ese amplio conocimiento es bien visible en sus *Historias contra los paganos,* que redacta alrededor del 417 bajo los auspicios iniciales (y, según sus propias palabras en el prólogo, el encargo directo) de Agustín. El título de las *Historias,* tal como las llamaremos de aquí en adelante, no deja demasiado lugar a dudas de su idea general: una convencida, vehemente y extensa apología del cristianismo sobre el paganismo desde un punto de vista histórico. Aunque el propio Orosio no duda en compararse con un perro que, movido por el amor y la fidelidad a su amo, obedece de buen grado a sus voluntades, hay cierto consenso en que, una vez avanzada la obra, el autor se aleja de su maestro y prosigue su propio camino dialéctico e historiográfico. Orosio reconoce abiertamente que la idea de escribir esta obra fue de Agustín, que le encargó buscar en crónicas y anales de la Antigüedad evidencias de diversos desastres, tanto naturales como bélicos, políticos, de hambrunas, etc., pero no escasean quienes dicen que, en realidad, esto no era más que una excusa para redactar su obra a su manera.

Excusa o no, la escritura del libro no fue, por supuesto, una idea errática, ni mucho menos una ocurrencia casual. En el 410, unos siete años antes de la publicación de las *Historias,* las tropas de Alarico arrasaron durante tres días la ciudad de Roma, un episodio cuyas consecuencias históricas, políticas, sociales y, sobre todo, culturales siguen haciendo correr ríos de tinta hoy día. El trauma de este saqueo es perfectamente conocido. El mito de la *Roma Aeterna,* aquella que había controlado la mayor parte del mundo conocido, había caído. Y los paganos habían culpado a la doctrina cristiana; recordemos que, pocas décadas antes (el 27 de febrero de 380), el cristianismo se había convertido en la religión oficial del Imperio romano. Quienes aún se aferraban a la tradición de los dioses romanos veían en los acontecimientos de principios del siglo V una suerte de castigo a Roma por haber renegado de sus dioses. Y la estocada final, aquellos terribles tres días en los que los bárbaros provenientes de los límites del Imperio habían entrado en su corazón y lo habían herido de muerte, era la evidencia definitiva. Roma, después de toda una historia de grandeza e inmortalidad, había sido castigada por la providencia, como respuesta a su claudicación religiosa al cristianismo.

Ese fue el principal motivo de la redacción de las *Historias* por parte de Orosio. Fue la razón por la que Agustín (que se encontraba terminando su *Ciudad de Dios* como respuesta propia a la situación del Imperio) le encargó buscar información sobre las diferentes calamidades acaecidas a los Imperios antiguos antes de la llegada de Cristo. Como afirmó en su momento Pedro Martínez Cavero, «había que mostrarles que la decadencia de Roma no tiene nada que ver con el cristianismo; o demostrarles, en todo caso, lo contrario»[23].

El resultado es una obra de historia universal, organizada en siete libros y cargada de universalismo y providencialismo, que tiene, en términos generales, dos hipótesis: por un lado, que el saqueo del 410 no había sido tan destructivo como otros episodios que habían ocurrido siglos antes, y que, de hecho, Roma continuaba (y continuaría siempre) viva; y, por otro, que, antes de la llegada de Cristo, el mundo había sido un desastre. Que los Imperios de la Antigüedad habían estado afectados por numerosísimas calamidades: guerras, terremotos, erupciones volcánicas, inundaciones, hambrunas… Es más, en términos comparativos, el mundo había sido mucho mejor después de la llegada del cristianismo.

Las *Historias* son una creación absolutamente clave en la historiografía occidental. A la de Orosio se la ha considerado la primera obra sobre filosofía de la historia, impregnada, claro está, de un marcado carácter apologético y parcial. Su extensa digresión no se centra exclusivamente en cuestiones históricas, en cualquier caso. Como

---

[23] Pedro Martínez Cavero, «Los argumentos de Orosio en la polémica pagano-cristiana», *Antigüedad y Cristianismo* VII (1990), p. 321.

era habitual en la literatura de la Antigüedad (ya lo vimos en el caso de Heródoto), historia y geografía conformaban una simbiosis fundamental. Una no podía entenderse sin la otra. Y Orosio, gran conocedor del saber antiguo, estaba especialmente convencido de ello. Comparado con los autores antiguos, que realizaban descripciones geográficas no demasiado extensas y bastante concretas, Orosio fue el que más espacio y atención le dedicó a describir el mundo entero. Es más, la geografía es una parte consustancial de las *Historias,* a la que dedica todo un capítulo de su primer libro, cuestión que ha sido objeto de estudio desde hace más de un siglo. A fin de cuentas, lo que escribe Orosio es una historia universal, por lo que se hace necesario que la sitúe en una geografía global. Y lo justifica ya al empezar el libro:

> Pienso que es necesario, con el fin de mostrar, como desde una atalaya, los conflictos del género humano y el fuego de este mundo […], que describa en primer lugar el propio globo de las tierras habitado por el género humano […]. De esta forma, cuando se hable de las desgracias de guerras y enfermedades ubicadas en un lugar, los lectores entenderán mejor no solo la importancia de los hechos y su tiempo, sino también la de los lugares (*Historias,* I.2.15-17)[24].

El mundo, como observado desde una atalaya, se presenta así como un gran escenario, un enorme teatro en el que se han sucedido, desde el principio de los tiempos, las peores calamidades; una metáfora, por cierto, que ya podemos ver esbozada en autores antiguos y pasará a formar parte del imaginario del mundo con la publicación, más de 1.000 años después, del *Theatrum Orbis Terrarum (Teatro del mundo)* de Abraham Ortelius. La de Orosio es una historia de largo recorrido, que hunde sus raíces en la propia creación de sus protagonistas, el género humano. Una visión global y amplia, para la que utiliza un gran catálogo de fuentes, tanto antiguas como contemporáneas. La descripción del mundo es, así, un reflejo del conocimiento geográfico antiguo, un conocimiento que Orosio no duda en mencionar de forma clara:

> Nuestros antepasados distribuyeron el orbe terrestre, rodeado por las aguas del mar, en tres partes, a las que llamaron Asia, Europa

---

[24] Paulo Orosio, *Historias,* 1, ed. de Eustaquio Sánchez Salor, Madrid, Gredos, 1982, p. 85.

y África, aunque algunos han pensado en dos partes, a saber: Asia por una parte y, por otra, África, que debe ser unida a Europa (*Historias,* I.2.1)[25].

Nos encontramos así con otra mención de una clasificación geográfica del mundo que no es otra cosa que la de los mapas de T en O. A partir de aquí, Orosio nos ofrece un extenso recorrido por el mundo conocido en la Antigüedad Tardía (no exento de errores, pero igualmente fundamental), con un continuo eco de ideas clásicas y autores antiguos. No se sabe con certeza las fuentes exactas que utilizó Orosio en su descripción geográfica del mundo, pero es posible que hiciera uso de tratados geográficos del siglo IV y de obras clásicas como la sempiterna *Historia Natural* de Plinio. Desde Asia hasta las islas del mundo conocido, Orosio describe países, provincias, ciudades, fronteras, ríos, montañas, mares, islas… Una auténtica ventana a cómo se veía el mundo en la Antigüedad, con referencias a personajes históricos como Alejandro Magno y descripciones de referentes geográficos clásicos como las Islas Afortunadas y Thule. Una ventana que sería uno de los principales elementos vehiculares de la concepción antigua del mundo a lo largo de la Edad Media.

Porque lo que diferencia a Orosio de otros historiadores tardoantiguos y altomedievales es el enorme éxito de su obra. Las *Historias* marcaron la conciencia histórica de Occidente, al menos, hasta el siglo XVII. Era un ejercicio histórico inusualmente extenso y complejo, a pesar de su tendenciosidad y su carácter apologético. Paulo Orosio se convirtió en una referencia teórica indiscutible; se dice que, durante la Edad Media, a cualquier libro de historia se le llamaba «un Orosio». Su método historiográfico se volvió una suerte de estándar en el contexto medieval, y las historias universales realizadas a lo largo del Medievo derivan directamente de su obra.

Según las últimas estimaciones, se han conservado más de 275 manuscritos de las *Historias* realizados en la Edad Media. En el siglo IX se tradujo al inglés, en el contexto de la corte del rey Alfredo el Grande, y un siglo después apareció la traducción al árabe. Traducciones algo libres, pero que evidencian que el prestigio de Orosio y el interés por las *Historias* traspasó fronteras no solo lin-

---

[25] *Ibid.,* p. 86.

güísticas, sino también culturales y religiosas. Las *Historias* fueron un libro de texto principal en los contextos académicos, y el mismísimo Dante, en su *Comedia,* le otorga un puesto primordial en el cuarto cielo del Paraíso, habitado por las figuras del conocimiento más importantes de todos los tiempos.

Por supuesto, el interés y difusión de Orosio también afectó a la información geográfica y a la descripción del mundo. De hecho, la traducción al inglés realizada en la corte del rey Alfredo amplió la sección geográfica de la obra original con más detalles y nuevas fuentes (sobre todo referentes a la geografía del norte de Europa), y en el capítulo anterior mencionábamos que Orosio fue una de las principales fuentes de al-Idrisi al realizar la *Tabula Rogeriana.* Así, la obra del hispano determinó también, en gran parte, la imagen del mundo en la Edad Media.

No en vano, muchos de los mapas realizados en el contexto medieval tomaron a Orosio como una fuente primordial, y la propia historia de los manuscritos de la obra tiene asociada la difusión de mapas y diagramas con información geográfica, aunque, a decir verdad, no era algo del todo habitual. No hay evidencias de que Orosio acompañara su manuscrito original de ningún mapa, pero ya desde muy pronto podemos ver copias de las *Historias* que incluyen apoyos visuales a las descripciones geográficas del autor. Por ejemplo, en un manuscrito realizado en el siglo XI en el monasterio de St. Gall, un pequeño diagrama cuadrangular de T en O acompaña la mención de la división del mundo que hace Orosio al principio de su capítulo geográfico (Fig. 17). La inusual forma cuadrangular del mapa no es algo fortuito: la historiadora Natalia Lozovsky ha planteado que es el resultado del interés del copista por adecuarse a lo que afirma Orosio, que utiliza el término latino «triquadrus» para hacer referencia a la tripartición del mundo entre Asia, Europa y África. Este término, que no resultaría del todo familiar para los lectores del siglo XI, sería explicado visualmente con un mapa rectangular que reprodujera fielmente lo que decía Orosio y, a la vez, sirviera de recurso mnemotécnico para comprender este tipo de conceptos[26].

---

[26] Natalia Lozovsky, «The Uses of Classical History and Geography in Medieval St Gall», en Keith Lilley (ed.), *Mapping Medieval Geographies. Geographical Encounters in the Latin West and Beyond, 300-1600,* Cambridge, Cambridge University Press, 2013, p. 70.

Figura 17. Mapa de T en O en un manuscrito de las *Historias contra los paganos* de Paulo Orosio, siglo XI. Abadía de San Galo, San Galo. La forma cuadrangular del mapa parece deberse a las palabras de Orosio, que utiliza el término «triquadrus» al mencionar la tripartición del mundo entre Asia, Europa y África.

Es un ejemplo de la enorme importancia que tiene el contexto de creación de un mapa a la hora de valorarlo. Como han demostrado investigadores como Patrick Gautier Dalché, cuando hablamos de mapas que forman parte de manuscritos medievales, su entorno manuscrito es casi más importante que sus características internas. Ya veíamos en el caso de la difusión medieval de las obras de Lucano y de Salustio que el lugar en el que se diseñó el mapa dentro del manuscrito, así como su simbiótica relación con el texto, nos da pistas incomparables de por qué ese mapa está representado de una determinada manera. Rara vez se trata de un simple error, o de una ocurrencia accidental del copista, sino que responde a un motivo concreto, racional, producto de una reflexión.

Otra cuestión que se desprende de este ejemplo es que los mapas medievales son de todo menos estáticos. Son vehículos informativos tremendamente adaptativos y flexibles, que se adecúan a la información que acompañan o que contienen. En realidad, no hay un solo tipo de mapa medieval, sino toda una constelación heterogénea de representaciones que se retroalimentan entre sí y dialogan continuamente con su contexto de creación; de hecho, recientes tendencias historiográficas sobre historia de los mapas medievales han tendido a alejarse de la organización de los mapas en tipologías o familias para centrarse más en el contexto concreto e individual de cada mapa. Más adelante veremos con mayor detalle que los mapas medievales son entes vivos, que se alimentan de diferentes referencias transculturales y cronológicas.

Por otro lado, la influencia de Orosio en la representación medieval del mundo se concreta en el recurso a su obra como fuente. El *mappamundi* de Hereford (*ca.* 1300) lo menciona expresamente como fuente principal, y numerosos mapas y textos geográficos hasta bien entrado el siglo XVI muestran un tipo de información que nos remite directamente a Orosio. Así lo hacen mapas como el precoz *mappamundi* de Albi (siglo VIII), la tradición cartográfica de los Beatos, los *mappaemundi* insertos en la enciclopedia de Lambert de St. Omer *Liber Floridus* (*ca.* 1120) y el gran *mappamundi* de Ebstorf (*ca.* 1300), entre muchos otros.

La visión del mundo que refleja Orosio, y, por tanto, gran parte de las descripciones geográficas y mapas de la Edad Media, es una visión del mundo propia de la Antigüedad, que puede ser redefinida y versionada por algunos autores medievales, pero que tiene unas bases claras, reconocidas y duraderas. Unas bases que conforman un ejemplo de primerísimo orden de la pervivencia del mundo antiguo en la cosmovisión geográfica y cartográfica medieval.

EL «REFULGENTE ESPÍRITU» DE ISIDORO DE SEVILLA

Volvamos brevemente al recorrido de Dante Alighieri por el cuarto cielo del paraíso, en el que Virgilio, como ya hemos mencionado, le muestra figuras clave de la sabiduría como Paulo Orosio. Algunas de estas figuras fueron referencias fundamentales en el conocimiento geográfico medieval y su traducción visual: Beda, Hugo de San Víctor, Rábano Mauro… Todos ellos autores de obras literarias, científicas y de carácter enciclopédico que contribuyeron directamente a la construcción de ese conocimiento. Pero hay uno que se sitúa por encima de todos ellos en esa construcción. Un personaje cuyo «refulgente espíritu» ve Dante brillar desde la distancia: Isidoro de Sevilla.

Dante no exagera demasiado con esa afirmación. Cuando hablamos de conocimiento en la Edad Media (y más allá), Isidoro de Sevilla (*ca.* 560-636) es una referencia indiscutible. Cualquier persona, esté más o menos familiarizada con la cultura medieval, lo conoce, o, al menos, es capaz de situarlo. Entre otras cosas, porque fue uno de los máximos responsables de la visión medieval del mundo en términos geográficos y cartográficos. Obispo de Sevilla durante varias décadas (desde que tenía alrededor de 40 años hasta su muerte), a lo largo de su vida Isidoro se concentró en estudiar y adquirir todo el conocimiento posible, algo que lo convertiría en una referencia absolutamente indiscutible a lo largo de los siglos.

Según sus propios testimonios, el origen familiar de Isidoro no estaba en Sevilla, sino en Cartagena. En una época en la que la península ibérica había estado en un intenso proceso de cambio político (hacía relativamente poco que la unidad del Imperio romano se había hecho pedazos, y la península estaba regida en ese momento por los suevos y los visigodos), parece que los padres y hermanos mayores de Isidoro tuvieron que huir de Cartagena ante la ocupación bizantina de la ciudad. Aunque, en su momento, hubo quien propuso que Isidoro nació en Cartagena y su familia huyó con él poco después de nacer, actualmente hay consenso en que, seguramente, nació ya después de que la familia llegara a Sevilla. Ante la prematura muerte de sus padres, Isidoro, el pequeño de tres hermanos y una hermana, fue educado por su hermano mayor, Leandro, figura muy reconocida en la época, también obispo de Sevilla, amigo personal del papa Gregorio Magno, y responsable de que el rey visigodo Recaredo abandonara el arrianismo para abrazar la fe católica.

No se sabe con demasiada certeza en qué términos ni de qué manera Leandro educó a su hermano pequeño (de nuevo, los datos biográficos de los primeros años de Isidoro están envueltos en brumas), pero sí está claro que el joven adquirió un gran nivel cultural. Parece que Isidoro, a expensas de Leandro, hizo uso de una gran biblioteca localizada en algún punto de Sevilla, que tenía unos fondos muy extensos. El joven leyó a autores clásicos, a los Padres de la Iglesia, a referencias cristianas como Agustín y Orosio, a personajes de su propia época… Con el tiempo, Isidoro se construyó un amplísimo bagaje teórico enraizado en la Antigüedad, tanto con lecturas directas de autores clásicos como (más habitualmente) referencias indirectas, extraídas de comentarios y escolios posteriores. En cualquier caso, fue capaz de formarse una gran cultura, que quedaría reflejada, además de en su experiencia como predicador, en las numerosas obras y tratados que escribió a lo largo de los años.

Obviamente, hablar de las decenas de obras que redactó (más aquellas que le fueron atribuidas en la posteridad de manera apócrifa) haría este libro interminable, pero, en el tema que nos ocupa, Isidoro se hizo inmortal con dos escritos principales: *De natura rerum (De la naturaleza de las cosas)* y *Etymologiae (Etimologías)*. La primera fue escrita, al parecer, por sugerencia del rey Sisebuto, gran amigo de Isidoro, y se trata de un detallado análisis de fenómenos naturales, entre ellos astronómicos, meteorológicos y cronológicos. Y la segunda, considerada no solo su obra capital, sino la de toda la Edad Media, es una enorme compilación del saber, de carácter enciclopédico, que escribió a instancias de otro estrecho amigo, el obispo Braulio de Zaragoza, que parece haber sido discípulo suyo.

Desde nuestra óptica actual, podríamos considerar tanto *De la naturaleza de las cosas* como *Etimologías* auténticos fenómenos editoriales mucho antes de la irrupción de las editoriales. Estas obras fueron versionadas, reproducidas, adaptadas y, sobre todo, consultadas sin descanso casi desde la misma época de Isidoro. El autor escribió las *Etimologías* ya en sus últimos años, como colofón de toda una vida de lectura, investigación y difusión de conocimiento. De hecho, su amigo Braulio afirma que Isidoro lo dejó incompleto, y que fue él quien gestionó y dio forma definitiva a un trabajo tan enorme (cientos y cientos de folios), organizándolo en veinte libros.

Siguiendo la tradición enciclopédica antigua, las *Etimologías* son un enorme compendio del conocimiento del mundo disponible para Isidoro. Prácticamente todo lo que existía, todo lo que podía ser estudiado, fue incluido en su obra. En los veinte libros que resultaron de la reorganización que hizo Braulio, Isidoro habla de gramática, de matemáticas, de música, de medicina, de teología, de lingüística, de ciencias naturales, de ingeniería, de moda… Casi de cualquier cosa que se nos pueda ocurrir. Vista con perspectiva, *Etimologías* no es, quizá, del todo innovadora. Ya se habían hecho obras de carácter enciclopédico en la Antigüedad, que fueron, por cierto, muy consultadas por Isidoro. Pero el hilo conductor planteado por Isidoro no era tan frecuente: los orígenes etimológicos de los temas que trata. El autor explica a los lectores la etimología de los conceptos y los temas que aborda, de ahí el título de la obra. Muchas de estas explicaciones etimológicas están lejos del origen real de los términos, y se ha discutido mucho qué entendía Isidoro (y qué se entendía en la época) por «etimología», pero parece claro que la concepción no era la misma que tenemos en la actualidad. En cualquier caso, la obra de Isidoro supone un ejercicio de recopilación del conocimiento que pocas veces se había visto. Y esta recopilación, cómo no, hizo de la Antigüedad un recurso básico.

El propio Isidoro reconocía, en la dedicatoria al rey Sisebuto que incluyó en el primer manuscrito de la obra, que su creación era el resultado de una ardua recopilación de lecturas de la Antigüedad. A fin de cuentas, *Etimologías* es el trabajo de toda una vida; el resultado de décadas de lectura, estudio y análisis del conocimiento antiguo. Bien de manera directa como indirecta (a través de comentarios de autores posteriores), Isidoro había acudido a un extenso catálogo de escritores, poetas, científicos y filósofos grecolatinos. Y ese es uno de los aspectos más llamativos y, sobre todo, más importantes de su obra.

Basta una rápida búsqueda en internet para darnos cuenta de que hay un término que va asociado de manera constante a la figura y obra de Isidoro de Sevilla: el de «puente». Es muy habitual encontrarnos con referencias a Isidoro como «el puente entre la Antigüedad y la Edad Media», «el puente entre el conocimiento pagano y el medieval», «el puente entre la tradición clásica y la cultura medieval», etc. Es cierto que se trata de un personaje fundamental en la transmisión del conocimiento clásico en el contexto medieval, pero, a decir verdad, ya hemos visto que Antigüedad y Edad Media no son dos mundos separados. No son dos islas incomunicadas que solo fueron unidas gracias a Isidoro. La presencia de la herencia antigua era mucho más profunda, estaba mucho más conectada con la visión del mundo en la Edad Media. Se trataba de un auténtico universo de referencias que iban mucho más allá de la fundamental contribución isidoriana.

De hecho, es importante tener en cuenta que la transmisión que hace Isidoro de la cultura clásica no fue objetiva ni neutra. Simplemente, no podía serlo. El hispalense deja bien clara la superioridad del cristianismo y el error en que habían incidido los que él, siguiendo la estela de Orosio, llama «los gentiles». Ejemplos de este tipo de juicios a las ideas antiguas son muy abundantes en las *Etimologías;* por ejemplo, cuando aborda las deidades paganas y narra algunos de sus mitos (como el de Saturno devorando a sus hijos, el del rapto de Europa o el de la lluvia dorada de Dánae), afirma que no se trata de simples recursos literarios, sino de auténticos crímenes, por lo que creer en esos dioses resultaba del todo inaceptable (*Etimologías,* VIII.11.36).

Pero eso no desmerece el papel de Isidoro en la transmisión del conocimiento clásico en el mundo medieval, sobre todo en cuestiones geográficas y cartográficas. De hecho, podemos decir que uno de los libros que más repercusión posterior tuvo de los veinte que componen las *Etimologías* es el que describe el mundo y las partes que lo conforman; en su maravilloso atlas (1375), Abraham Cresques lo mencionará, junto con Plinio, como «maestre de mapamundis», haciendo referencia a su innegable influencia. Isidoro, basándose en autores como Plinio, Orosio, Lucrecio y muchos otros, ofrece una extensa descripción de la Tierra, que, como ya hemos visto, presenta de forma circular, semejante a una rueda. Siguiendo las teorías aristotélicas, afirma que la Tierra se sitúa en el centro del universo, a igual distancia del resto de los astros. En su descripción de continentes, regiones, islas, promontorios y montañas, Isidoro no evita las referencias paganas, sino que las hace dialogar con la cosmovisión cristiana, intentando conciliar ambas visiones cuando entraban en juego cuestiones geográficas fundamentales para un cristiano. Por ejemplo, al describir las atlánticas Islas Afortunadas (un topos típicamente clásico que se convertiría, a través de autores como Isidoro, en un referente de gran importancia en la geografía medieval), sigue la tradición antigua de considerar estas islas un vergel natural en el occidente del mundo, en el que los árboles dan frutos de manera espontánea y los campos se cubren de vides sin necesidad de mantenerlas, pero aclarando la equivocación de los poetas paganos, que las consideraban el paraíso. Para Isidoro, obviamente, esto era absurdo, ya que la Biblia afirma claramente (y él lo asegura también en sus *Etimologías*) que el Paraíso Terrenal está justo al otro lado del mundo, en sus extremos orientales.

Este intento de hacer convivir la cosmovisión de la Antigüedad con la propia del cristianismo, sobre todo en sus elementos más básicos, es una constante en las *Etimologías,* y se convertirá en una cuestión clave de la forma de ver el mundo en la Edad Media. En términos de representación visual del mundo, en cualquier caso, la difusión medieval de las *Etimologías* es la responsable, sin ir más lejos, de la enorme popularización de los ya mencionados mapas de T en O. Mientras hace una descripción general de la Tierra, Isidoro recoge aquello que ya habían explicado autores como Estrabón, Plinio, san Agustín y Orosio, y describe una imagen clave que merece una cita literal. Tras presentar el orbe y compararlo con una rueda, Isidoro explica:

> El Océano la rodea por todos los lados, limitando sus confines como en un círculo. El orbe está dividido en tres partes, una de las cuales se denomina Asia, otra Europa y, la tercera, África. Los antiguos no dividieron de manera homogénea estas tres partes del orbe, ya que Asia, por el oriente, se extiende desde el mediodía hasta el septentrión; Europa, por su parte, desde el septentrión hasta el occidente; y África, en fin, desde occidente hasta el mediodía. De donde se desprende con toda evidencia que una mitad del orbe la ocupan dos partes –Europa y África–, mientras que la otra mitad la ocupa Asia sola. Pero aquellas dos primeras partes se han dividido así porque entre ambas, y procedente del Océano, se interpone el Gran Mar, que las separa. Resumiendo: si el orbe se divide en dos mitades –oriente y occidente–, en una de ellas se encontraría Asia, y en la otra, Europa y África (*Etimologías,* XIV.2.1)[27].

Una descripción que ya hemos visto, a grandes rasgos, en otros autores, tanto de la Antigüedad como del primer cristianismo. Isidoro no es lo que podríamos llamar un innovador, pero este fragmento es uno de los más importantes de toda la historia de la cartografía. Quizá no lo sería tanto si su obra no hubiera tenido la rapidísima y enorme difusión que tuvo, pero, dada su fama, prestigio y presencia en cualquier biblioteca medieval, esta descripción es la base principal de los más de 1.000 mapas de T en O que conservamos de la Edad Media.

---

[27] Isidoro de Sevilla, *Etimologías,* ed. de José Oroz Reta y Manuel A. Marcos Casquero, Madrid, Biblioteca de Autores Cristianos, 2004, pp. 997-999.

La difusión de las *Etimologías* fue inusualmente precoz y extensa. Ya a principios del siglo VII, es decir, décadas después de la redacción de la obra, podemos encontrar fragmentos de las *Etimologías* en manuscritos no solo en la península ibérica, sino en lugares tan lejanos como Suiza, Inglaterra e Irlanda. El recurso a Isidoro fue clave en el contexto carolingio, y formaba parte esencial del currículo académico medieval. Incluso su propia persona se convirtió en figura de culto, apareciendo obras en el contexto hispano que narraban sus supuestos milagros. De hecho, después del siglo XI y del traslado de sus restos mortales a la catedral de León en 1063, Isidoro se fue convirtiendo en una suerte de héroe defensor de la cultura hispánica y del cristianismo en su lucha contra el islam, como se puede observar en esculturas y relieves que representan a un Isidoro a caballo, en actitud combatiente, portando una espada y luchando contra los infieles. Pero su influencia intelectual tomó, a la par, otros caminos culturales: tras la llegada del islam a la península ibérica, la obra de Isidoro ejerció una gran influencia en al-Ándalus. Al igual que ocurría con Orosio, historiadores, geógrafos y literatos árabes (sobre todo andalusíes) admiraban y consultaban profusamente al hispalense. Un claro ejemplo de ello es Ahmad ibn Muhammad al-Razi (887-955), autor de una crónica de gran éxito traducida como *Historia de los reyes de al-Ándalus, de sus gestas, desgracias y guerras.* Esta obra, que, a su vez, tuvo una gran difusión posterior entre los estudiosos cristianos, ofrece en su prólogo una descripción de al-Ándalus que recurre a las *Etimologías* como una fuente esencial.

Por tanto, la estela de Isidoro ha sido visible a lo largo de los siglos. Se le ha asociado a un término tan ambiguo, complejo y, por qué no decirlo, problemático como el de la «cultura europea», considerándolo un personaje esencial en su construcción. Incluso hoy día, toda aquella persona que pase ante el edificio de la Biblioteca Nacional de España en Madrid se encontrará con un Isidoro de mármol, sentado, en actitud reflexiva, con un gran libro en sus manos y mostrando en su figura más de 1.500 años de conocimiento.

Al mismo tiempo que los fragmentos y manuscritos de las obras isidorianas, fundamentalmente *Sobre la naturaleza* y las *Etimologías,* saltaban como esporas de monasterio en monasterio por casi toda Europa, lo mismo hacían los mapas de T en O que acompañaban su obra. No se sabe con certeza si el manuscrito original contenía al-

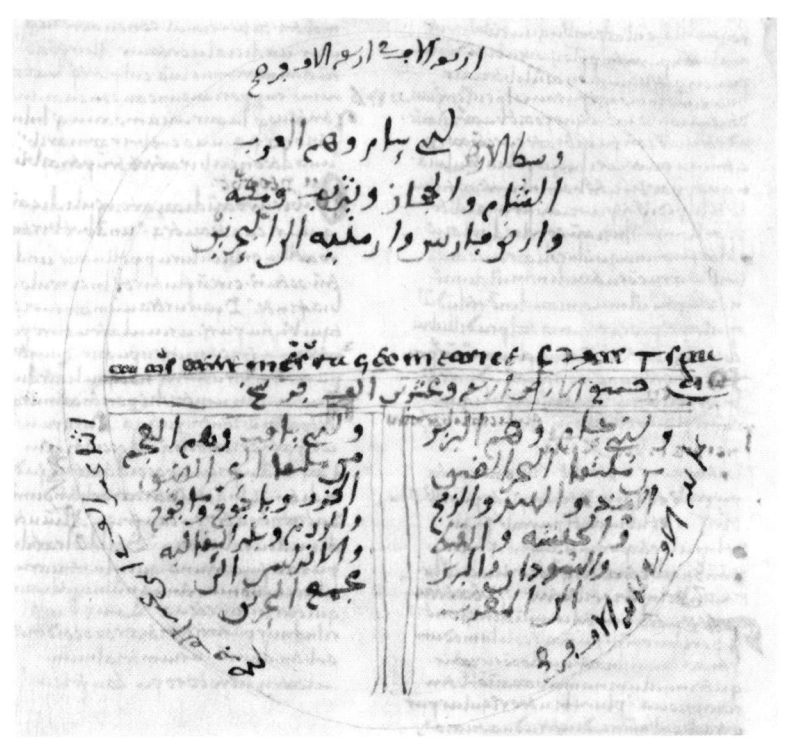

Figura 18. Mapa de T en O con caracteres árabes, perteneciente a un manuscrito de las *Etimologías* de Isidoro de Sevilla, siglo IX. Biblioteca Nacional de España, Madrid. Muestra la convivencia de referencias de distintas culturas a la hora de representar el mundo.

gún mapa o diagrama (hay opiniones de todo tipo), pero sí está claro que el apoyo visual fue un elemento esencial desde muy pronto. Ya en el siglo VII encontramos los primeros ejemplos, concretamente en el conocido como códice ovetense, un manuscrito misceláneo con material datado entre los siglos VII y IX. En la sección que contiene *Sobre la naturaleza* encontramos una serie de mapas de T en O, bastante sencillos, uno de los cuales ha sido datado por diversos estudios a mediados del siglo VII, poco después del fallecimiento de Isidoro.

Ya hemos visto que estos mapas estaban en todos lados: en manos de divinidades y gobernantes en pinturas e iluminaciones, en el margen de manuscritos como recurso visual y mnemotécnico, en portadas de templos, en frescos… Estaban disponibles tanto para copistas, estudiantes y académicos, como para el público en general, dependiendo de su contexto de creación. En el siglo VII, el monje italiano Jonás de Bobbio (*ca.* 600-659) narra, en su *Vida de Columbano,* cómo el santo tuvo una visión en la que un ángel le mostraba la forma del orbe «en un pequeño círculo, como el círculo del mundo que se suele dibujar con un lápiz en un libro» (*Vida de Columbano,* I.27)[28]. Los mapas de T en O estaban en manuscritos de la obra de Lucano, de Salustio, de Isidoro, de Beda, de Orosio y de muchos otros.

Ello hizo que los mapas de T en O, al igual que los diagramas zonales provenientes de los *Commentarii* de Macrobio, no fueran algo estanco, estático, reproducido fríamente de una copia a otra. A lo largo del tiempo, con la aportación de diversas descripciones del mundo y la inclusión de determinados detalles topográficos, estos mapas presentaban diferentes formas, distintas imágenes del mundo que se adecuaban a la información que se quería transmitir. Así, es relativamente habitual encontrar mapas que han sido denominados «de Y en O» o de «V en O», resultado de la inserción de elementos topográficos e hídricos que hacen modificar ligeramente el diseño original. Incluso podemos ver versiones de esta disposición formal adaptadas a otros contextos culturales. Un manuscrito de las *Etimologías* fechado en torno al siglo VIII o IX y conservado en la Biblioteca Nacional de España contiene un tradicional mapa de T en O, con la particularidad de que, a diferencia del resto del manuscrito, está escrito en árabe (Fig. 18). Considerando el texto que contiene el mapa, los estudios han tendido a poner en duda que el autor fuera un mozárabe, inclinándose más bien a que fuera un musulmán influenciado por Isidoro, o bien por un cristiano culturalmente arabizado. En cualquier caso, es una muestra de gran valor de la amplitud y extensión adaptativa y cultural de esta tradición cartográfica.

MAPAS DIVERSOS PARA UN MUNDO DIVERSO

Aunque la tradición de T en O se encuentra casi por todas partes en la Europa medieval, considerar esta tipología, junto con los mapas zonales, como algo único, que recorre la Edad Media de manera autó-

---

[28] Alexander O'Hara e Ian Wood (ed. y trad.), *Jonas of Bobbio. Life of Columbanus, Life of John of Réomé, and Life of Vedast,* Liverpool, Liverpool University Press, 2017, p. 162 [trad. propia].

noma y paralela, no hace ningún favor a la hora de entender cómo funcionaban estas representaciones. A fin de cuentas, el contexto multidimensional que rodea a los mapas, sea cual sea su época, resulta esencial para valorarlos con cierta profundidad. Y un mundo tan enormemente diverso, heterogéneo y complejo como es el medieval deriva en mapas enormemente diversos, heterogéneos y complejos. En la Edad Media podemos encontrar mapas circulares, oblongos, rectangulares, cuadrados, en forma de mandorla[29] (que los relaciona con la tradición iconográfica de los *vesica piscis*)… En ocasiones esas formas responden a motivos más bien pragmáticos como la adecuación al espacio disponible, pero también a cuestiones heurísticas (la interpretación de los textos en los que se basa el mapa tiene una influencia clave) y religiosas (como el caso de los mapas en mandorla). Por ello, analizar no solo el mapa y sus condicionantes internos, sino el contexto en (y para) el que fue creado es absolutamente esencial para entender un mapa medieval. No hay una sola categoría, un solo modelo que se desarrolle sin un solo cambio, y en esto radica, en parte, la crítica que se ha hecho a las clasificaciones de mapas medievales realizadas desde la segunda mitad del siglo pasado.

Esto afecta, por supuesto, a los mapas tripartitos, a los zonales y a muchos otros. Ya vimos en su momento cómo Guillermo de Conches, en el siglo XII, hizo uso de la obra de Macrobio para actualizar los mapas con detalles que modificaban la disposición original, pero que no entraban en conflicto con ella. De hecho, no es nada extraño que veamos manuscritos en los que conviven mapas de diferentes disposiciones formales, incluso en el mismo folio, de manera completamente natural.

Como vemos, la gran diversidad de los mapas medievales se traduce no solo en mapas de distintas tradiciones, sino también en una gran heterogeneidad en aquellos que surgen de un mismo modelo. Los copistas y exégetas medievales se dieron cuenta pronto de que el modelo tripartito les venía muy bien para mostrar visualmente el reparto del mundo entre los hijos de Noé después del Diluvio, tal como narra el Génesis y como, de hecho, también menciona Isidoro en sus *Etimologías*. Así, son muy habituales los mapas de T en O que contienen los nombres de Sem (que fue asociado con Asia),

---

[29] Forma de almendra que en el arte románico y bizantino enmarcaba algunas imágenes, habitual en la iconografía del *Maiestas Domini* o Cristo en Majestad.

Cam (relacionado con África) y Jafet (vinculado con Europa). Esta división del mundo entre los descendientes de Noé, por cierto, se convirtió en un elemento de justificación de ideas e hipótesis raciales que estuvieron muy vivas, al menos, hasta el siglo XIX.

La relación de los mapas tripartitos con los hijos de Noé y los pueblos que descienden de ellos contribuyó directamente a su gran heterogeneidad en la Edad Media. Podemos encontrar mapas que contienen listados de esa descendencia en cada una de las tres partes del mundo, otros que hacen referencia simplemente a los nombres de los tres hermanos, y otros casos en los que se representan de manera gráfica. Un precioso ejemplo lo podemos encontrar en un mapa de T en O realizado a mediados del siglo XV en un manuscrito profusamente iluminado de *La Fleur des Histoires,* obra histórica realizada por el francés Jean Mansel (*ca.* 1400-*ca.* 1473). Aquí, el mundo aparece dividido en los tres tradicionales continentes, con la figura de los hijos de Noé en cada uno de ellos. Con elementos físicos, hídricos, vegetales y urbanos, y una inconfundible referencia al Arca de Noé sobre el monte Ararat, la ilustración toma como base el modelo tripartito, pero lo convierte en una representación visualmente rica, detallada y compleja.

Por tanto, el mapa de T en O es un ejemplo clave de algo que ya he mencionado varias veces: la enorme vitalidad de los mapas medievales. Su constante evolución, su heterogeneidad, su maleabilidad en función de su contexto de creación y de la imagen que se quiere transmitir. Al igual que no hay una sola Edad Media, no hay un único modelo de mapa medieval. Es más: el de T en O ni siquiera es un modelo únicamente adscrito a la Edad Media, por mucho que los manuales y los libros sobre historia de la cartografía se empeñen. Es cierto que tiene una simbiótica relación con el contexto medieval, pero su sombra se alarga mucho más allá. No en vano, el primer mapa impreso (esto es, no manuscrito) del que tenemos constancia es precisamente un mapa de T en O que forma parte de una edición de las *Etimologías* de Isidoro impresa en Augsburgo en 1472, pocas décadas después de la introducción de la imprenta por Johannes Gutenberg. Como ya se ha ido comentando, el modelo de T en O siguió siendo muy útil como símbolo político e imperial, algo que podemos ver aún hoy en los atributos de determinadas coronas europeas. También continuó siendo un recurso muy socorrido a la hora de hacer referencia visual al mundo: en un manuscrito de *De sphaera* de Juan de Sacrobosco realizado en torno a 1633, uno de los numerosos diagramas que contiene la obra se titula «Figura de la esfera del mundo», solo que la palabra «mundo» está sustituida, precisamente, por un mapa de T en O[30]. Es decir, una representación del mundo considerada «puramente medieval» sigue teniendo una gran presencia a lo largo de los siglos, bien como recurso mnemotécnico, bien como imagen de poder, o bien respondiendo a cualquier otro motivo contextual.

Pero el recorrido de este modelo es, con todo, bidireccional. Hemos podido ver, a lo largo de este libro, que la organización del mundo representada por los mapas de T en O no surge de la nada. Esto hace que, al igual que las *Etimologías* de Isidoro, estos mapas constituyan un estrecho diálogo con el pasado. Aunque los primeros ejemplos conservados, así como su desarrollo posterior, estén muy relacionados con la obra isidoriana, no tenemos por qué asumir que fueron una creación original de la Alta Edad Media. En realidad, esto no está claro; hay quien considera, como Gautier Dalché, que el T en O es un modelo originalmente altomedieval, mientras que otras teorías apuntan a la adaptación de un modelo más antiguo. Lo que sí es más evidente es que las descripciones del mundo realizadas en la Antigüedad, al menos muchas de aquellas que nos han llegado, implican una idea formal cuya adaptación gráfica resulta en algo muy parecido a un mapa de T en O. Ya Heródoto criticaba a los jonios por haber dividido el mundo en tres partes, Europa, Asia y África (*Historias,* II.16). Algo después, Polibio ofrecía la visión general que se tenía sobre el mundo habitado, sin dejar demasiado lugar a la ambigüedad: «Lo dividimos en tres partes y le damos tres nombres. La primera parte del mundo se llama Asia, la segunda África y la tercera Europa. Estas partes vienen limitadas por el río Tanais, por el Nilo y por la entrada de las Columnas de Hércules» (*Historias,* III.37)[31]. Geógrafos posteriores, entre ellos Pomponio Mela (muy admirado, por cierto, por los humanistas del siglo XV), describen el mundo siguiendo ese mismo modelo (*Corografía,* I.8), y ya hemos visto cómo autores cristianos como Agus-

---

[30] Este manuscrito está conservado en la Biblioteca Nacional de España bajo la signatura MSS/9273. Disponible en [https://bdh-rd.bne.es/viewer.vm?id=0000096117&page=1].

[31] Polibio, *Historias,* 1, trad. de Manuel Balasch Recort, Madrid, Gredos, 1991, p. 315.

tín de Hipona, Paulo Orosio y el propio Isidoro de Sevilla recogen estas teorías, haciendo referencia a ellas como descripciones hechas «por los antiguos». Por tanto, aunque no existan ejemplos de mapas de T en O anteriores al siglo VII que hayan sobrevivido, no podemos negar por completo que ese tipo de diagramas se hubieran hecho en algún momento de la Antigüedad.

Lo mismo ocurre con los mapas zonales de inspiración macrobiana. Ya he comentado que la enorme difusión de este modelo en el contexto medieval y de la primera modernidad está fuertemente arraigada, directa e indirectamente, en la tradición clásica, y aunque el arquetipo predominante en la Edad Media deriva de la obra de Macrobio, por las abundantes descripciones zonales del mundo presentes en textos de la Antigüedad, no podemos descartar que se hubieran realizado mapas y diagramas de ese tipo en el contexto teórico de la Antigua Grecia.

De manera más general, la propia presentación formal de muchos de los *mappaemundi* medievales, esto es, circulares y rodeados por un extenso anillo de Océano exterior, puede ser rastreada hasta el mapamundi babilónico. Una relación que se va retroalimentando desde, al menos, el siglo VI a.C. y que derrumba fronteras geográficas, culturales y representativas. Más allá de las características propias de cada tradición, más allá de las fuentes que utilizan, de los motivos de su realización y de las realidades que reflejan, existe una suerte de *longue durée* que sobrevuela las formas de describir, representar y entender el mundo de culturas, en principio, muy alejadas. Ya hemos visto la gran heterogeneidad en lo que respecta a la forma de los mapas medievales, pero todos ellos comparten cuestiones básicas que los relacionan con más de un milenio de visiones del mundo interconectadas. Y esto es fundamental para acercarnos no solo a los mapas medievales, sino a toda la historia de la cartografía de manera realmente global.

MUCHOS TIEMPOS, UN ESPACIO

Observar un *mappamundi* medieval no es sencillo. Puede ser fácil contemplarlo, admirar su carácter estético, los colores que muestra y las curiosidades que ofrece. Puede inspirarnos, hacernos reflexionar. Puede incluso proponernos un divertido ejercicio de reconocimiento de un determinado lugar, por ejemplo la región o ciudad donde vivimos, en caso de que sea una región o ciudad lo suficientemente antigua y reconocible como para formar parte de un mapa realizado hace tanto tiempo; ocurre, por ejemplo, en el *mappamundi* de Hereford, cuyo desgaste en la zona donde se representa la propia ciudad inglesa que da nombre al mapa (y en cuya catedral está expuesto desde alrededor de 1300) refleja la acción de miles de personas posando sus dedos en ese punto durante siglos, mientras decían «Mira, aquí es donde estamos». Pero observarlo de verdad, leerlo, entenderlo en toda su magnitud, encierra una dificultad mayor. Entre otros muchos motivos, porque un mapa medieval es una suerte de representación multidimensional. Una compleja interacción entre texto, imagen, espacio y tiempo. No se trata, como ya hemos visto, de una simple representación espacial. Si los valoramos solo desde esta perspectiva no estaremos sino rascando la superficie. Los *mappaemundi* medievales son mucho más profundos, y reflejan, al mismo tiempo, conceptos espaciales e históricos que esperan a ser desentrañados. En este sentido, el carácter conectado de los mapas medievales no se da solo en su evolución, en sus condiciones formales y en las fuentes que utilizan, sino también en una cuestión bastante más directa: en su propio contenido, en las diferentes capas espaciotemporales que nos muestran. Entre otras cosas, estos mapas son narraciones, nos cuentan una historia, y en ella nos invitan a sumergirnos en épocas muy diversas que conviven con total naturalidad en el mismo espacio.

Ya vimos hasta qué punto la historia y la geografía están interrelacionadas en las obras literarias antiguas y medievales. Como dejaron muy claro autores como Salustio y Paulo Orosio: para comprender lo que ha ocurrido en un lugar hay que conocer ese lugar, y viceversa. Los lugares están firmemente enraizados en su pasado. No solo en el pasado propio, sino en aquel que generaciones anteriores construyeron, moldearon y analizaron. Cuando Agustín, Orosio e Isidoro, siguiendo la tradición, mencionaban a «los antiguos» o a «nuestros ancestros» como responsables de la división del mundo, estaban uniendo el pasado y el presente (el suyo) a través de la descripción geográfica. La relación de la geografía del mundo con su propio pasado, con su presente e incluso con su futuro es una cuestión clave de la cosmovisión medieval, y la imagen de esa relación nos la ofrecen, cómo no, los *mappaemundi*.

Allá por los años veinte del siglo XII, el sajón Hugo de San Víctor estaba dando clases en la escuela agustina de San Víctor, a las afueras de París. Hugo era la figura intelectual más respetada de la época, y llegó a ser comparado con el mismísimo Agustín. «En toda la Iglesia de Occidente no hay nadie que pueda compararse a él en sabiduría», reza su obituario en la abadía de San Víctor. De hecho, fue una de las autoridades intelectuales a las que Dante situó en el cuarto círculo del cielo en su *Comedia.* No es sorprendente, por tanto, que a sus lecciones acudieran estudiantes de gran parte de Europa, conscientes del privilegio que suponía escuchar las ideas de Hugo en vivo, de su propia boca y sin intermediarios.

Las lecciones de Hugo no eran del todo fáciles de seguir. No era extraño perderse entre las abundantes referencias místicas y teológicas que usaba en sus discursos, en los que recurría a conceptos que encerraban una gran complejidad. Eso llevó a Hugo a utilizar diagramas e imágenes como recursos mnemotécnicos que pudieran servir de ayuda a su audiencia. Una de ellas parece haber sido un complejo diagrama que simbolizaba el Arca de Noé que, aunque no se ha conservado, se describe con todo detalle en una obra llamada *De Arca de Noe mystica* (*ca.* 1128), probablemente escrita por uno de sus discípulos, y recuperada por el historiador del arte Conrad Rudolph. Según esta descripción, la pintura representaba a Cristo flanqueado por dos ángeles, abrazando el cosmos, portando un pergamino en una mano y un cetro en la otra. Ocupando el cuerpo de Cristo, un gran círculo representaba, en su banda externa, el éter, y en la interna, el aire. Dentro de esta representación se incluye un *mappamundi* en forma de mandorla, con el este en la parte superior. En el centro de este *mappamundi* se dispone, en forma de rectángulo, la propia Arca de Noé, que simboliza a la Iglesia.

Pero más importante que la descripción de este enrevesado diagrama es la lectura que se hacía de él, más concretamente del *mappamundi* que se situaba en su interior. A los privilegiados alumnos que asistían a las lecciones de Hugo se les invitaba a leer esta representación de una manera específica: como una progresión temporal de la historia del mundo. Así, la sección superior, que representaba el este, debía entenderse como el inicio del mundo (la Creación), y la narración se iría desarrollando temporalmente hasta llegar a la base inferior del mapa (el extremo occidental), que representaría el futuro final del mundo. El texto lo presenta de forma clara:

Se representa un *mappamundi* en esta área, de tal manera que la cabeza del Arca se orienta hacia el este y su final toca el oeste, haciendo que (en su maravillosa disposición) la posición geográfica de los lugares se extienda hacia abajo desde el mismo inicio, en secuencia con los eventos temporales, y el final del mundo es el mismo que el final del tiempo[32].

Esta visión cronológica de los mapas, en los que una lectura descendente corresponde a la progresión histórica del mundo, no es única en Hugo de San Víctor. Por el contrario, podemos verla en muchos *mappaemundi* a lo largo de la Edad Media. De hecho, el carácter originario de los límites orientales del mundo tiene un doble motivo: el inicio del día (el hecho de que el Sol salga por el este tiene un significado clave en gran parte de las culturas y religiones alrededor del mundo), y el inicio de la humanidad, dada la situación oriental del paraíso, primer lugar por antonomasia en el cristianismo, cuya localización en los límites orientales del mundo ya es descrita en el Génesis (2, 8). No es casualidad que en muchos *mappaemundi* medievales la ciudad más oriental, localizada cerca del paraíso, sea Enoc, la primera ciudad del mundo según la Biblia, construida por Caín y bautizada así en honor a su hijo. Por tanto, en estos mapas Asia es una región marcada por el pasado. Generalmente, desde un punto de vista narrativo, los lugares, las ciudades y los elementos naturales que se representan en Oriente son referencias a la Antigüedad, tanto al Antiguo Testamento como al mundo clásico y pagano.

Por ejemplo, el maravilloso *mappamundi* de Sawley (*ca.* 1160, Fig. 19) muestra regiones, ríos, mares y provincias descritas en obras de carácter histórico y geográfico, al igual que referentes esenciales del relato cristiano, tales como la torre de Babel; y, al mismo tiempo, lugares procedentes de la tradición mítica clásica, como la ciudad de Troya, que estuvo muy de moda en la Edad Media por la popularización de esa historia a través de una serie de traducciones latinas y vernáculas que recorrían Europa. Asimismo, el discurso temporal del mapa mira incluso al futuro a través de uno de los ángeles que rodean el mundo y que señala el lugar donde, según el Apoca-

---

[32] Conrad Rudolph, *The Mystic Ark. Hugh of Saint Victor, Art, and Thought in the Twelfth Century,* Cambridge, Cambridge University Press, 2014, pp. 483-484. Trad. propia.

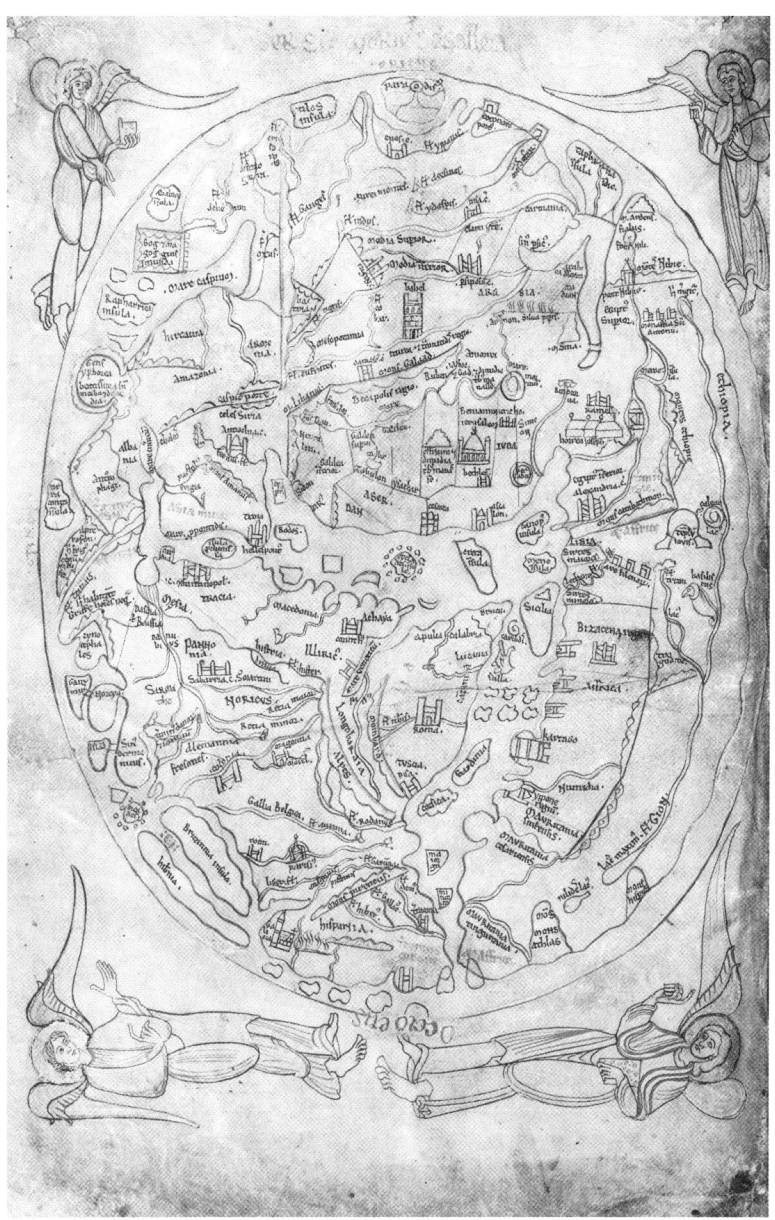

Figura 19. *Mappamundi* de Sawley, *ca.* 1160. Corpus Christi College, Cambridge. Representa conceptos geográficos e históricos en un complejo sistema de referencias, con un carácter de progresión temporal del mundo desde sus inicios hasta su futuro final.

lipsis, dará comienzo el fin del mundo: Gog y Magog, en el extremo de la Tierra, región habitada por un pueblo salvaje y destructivo, que fue encerrado allí por Alejandro Magno para que no causara el caos en el resto del mundo.

En el *mappamundi* de Hereford (*ca.* 1300, Fig. 20), absoluta explosión de referencias, descripciones y narraciones, con más de 1.100 inscripciones y topónimos en su más de metro y medio de ancho, el diálogo entre el pasado y el presente es constante; entre las abundantísimas menciones a lugares, regiones, pueblos, animales y criaturas míticas, encontramos detalles como esciápodos, cinocéfalos, grifos[33], dragones[34] y mandrágoras[35], referencias bíblicas como el Arca de Noé, una enorme Torre de Babel y la ciudad de Jerusalén con Cristo crucificado, testimonios de los logros de Alejandro Magno y claros guiños a la mitología clásica, como la presencia de los monstruos Escila y Caribdis[36] en el Mediterráneo (cuyo

---

[33] El grifo, con su cuerpo felino, sus alas y su cabeza de águila, es una de las criaturas fundamentales del imaginario medieval, siendo un elemento clave de los bestiarios de la Edad Media. Su origen, no obstante, está enraizado en la Antigüedad, y de ellos hablan autores grecolatinos como Heródoto, Ctesias de Nido, Pomponio Mela y el sempiterno Plinio el Viejo. El simbolismo medieval lo convirtió en una criatura ambigua, frecuentemente de carácter guardián, muchas veces maligna (como seres demoniacos alados, llegando a encarnar a Satán), pero también positiva, representando la doble naturaleza de Cristo.

[34] La iconografía del dragón es una de las más abundantes y complejas no solo del contexto occidental medieval, sino de la mayoría de las culturas alrededor del mundo. Frecuentemente relacionado con la destrucción y la oscuridad, la Biblia lo presenta como un símbolo del mal y del Anticristo; basta recordar cómo Juan de Patmos, en el Apocalipsis, presenta a San Miguel luchando contra un Satanás convertido en dragón (Ap 17, 7-9). Frecuentemente asociado a la serpiente, el dragón también suele formar parte de los bestiarios, y, al igual que el grifo, muchas veces se presenta como guardián de cuevas, grutas y tesoros.

[35] La planta de la mandrágora ha tenido un imaginario de gran recorrido a lo largo de la historia. Era un componente habitual tanto de los bestiarios como de los herbarios medievales; se representaba con rostro humano, y se decía que emitían un grito al arrancarlas de la tierra. En el *mappamundi* de Hereford se menciona como una planta de gran poder; de hecho, en la Edad Media se le atribuían efectos ginecológicos muy beneficiosos.

[36] En *La Odisea,* Homero narra cómo la maga Circe le habla a Odiseo de los monstruos Escila y Caribdis para advertirle de los peligros que le esperaban en su navegación (*La Odisea*, XII, 73-126). Según Homero, Escila era un enorme monstruo de seis cabezas y múltiples dientes que devoran a los marineros, mientras que Caribdis engulle el agua tres veces al día y la vomita otras tres, formando grandes remolinos (motivo por el cual el *mappamundi* de Hereford represente a Caribdis como una espiral). Con el tiempo, la tradición asoció esos monstruos al estrecho de Mesina, en el Mediterráneo.

Figura 20. *Mappamundi* de Hereford, *ca.* 1300. Catedral de Hereford, Hereford. De 1,58 × 1,33 metros, es el mapa medieval de mayores dimensiones que ha llegado hasta nosotros. Es una compleja imagen del mundo basada en un gran número de fuentes, tanto antiguas como medievales.

origen podemos rastrear hasta Homero) y el laberinto del Minotauro en la isla de Creta[37] (Fig. 21). En el *mappamundi* de Hereford está ocurriendo, como en la exitosa película de 2022, *todo a la vez*

---

[37] Nada de lo que diga sobre el mito de Teseo y su lucha contra el Minotauro en el Laberinto será nuevo. Es uno de los episodios más conocidos de la mitología clásica, y en la Edad Media tuvo una considerable aceptación por medio de la identificación de Teseo con Cristo y del Minotauro con Satanás, simbolizando la lucha del bien contra el mal. De hecho, la representación de laberintos fue muy popular tanto en manuscritos como en templos, y la inclusión del Minotauro o de Teseo no era nada extraña.

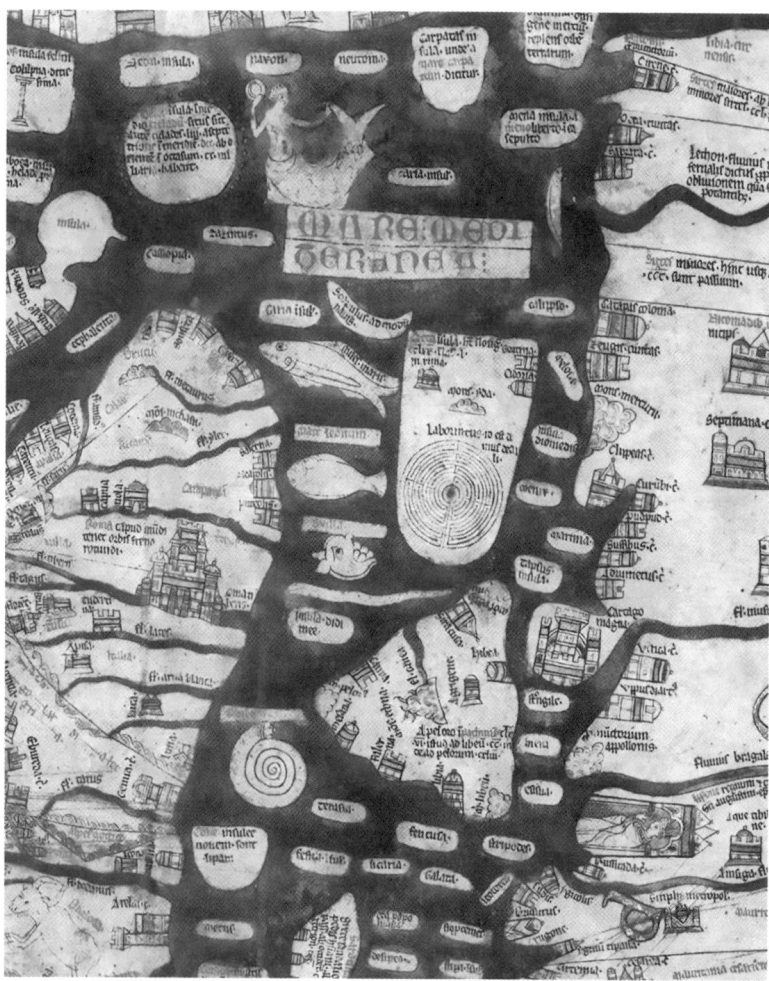

Figura 21. Detalle del Mediterráneo en el *mappamundi* de Hereford. Catedral de Hereford, Hereford. Vemos referencias de claro origen clásico, como la sirena, los monstruos Escila y Caribdis y el laberinto del Minotauro en Creta.

en todas partes. Toda esta información se basa, en una parte importante, en Paulo Orosio, pero también en un amplio catálogo de fuentes que incluye a Plinio, Solino, Isidoro de Sevilla, Tomás de Cantimpré, Honorius Augustodunensis y muchos otros, recursos que inundan el mapa de menciones a la Antigüedad.

Sin ir más lejos, en la esquina inferior izquierda se incluye la figura del emperador Augusto y una mención a la leyenda (que, a

Figura 22. Detalle de la supuesta medición del mundo por parte de los geógrafos de Julio César en el *mappamundi* de Hereford. Catedral de Hereford, Hereford.

pesar de lo que afirmaran investigadores como Dilke, probablemente no fuera más que eso, una leyenda) según la cual ordenó a cuatro geógrafos que midieran el mundo (Fig. 22). Seguramente, la fuente de esta información fue una obra anónima de finales del siglo VII llamada *Cosmographia,* que, a su vez, se basaba en la *Cosmographia Iulii Caesaris* de Julio Honorio, de finales del siglo IV o principios del V. Según estas obras, la labor de medición del mundo había sido planteada originalmente por Julio César y llevada a cabo por su sucesor, ya que el trabajo les había llevado más de 21 años. En la escena, Augusto entrega la orden a los geógrafos, que aparecen incluso con sus nombres. Pero el emperador está representado con los atributos papales, tocado con la tiara, y los geógrafos aparecen como monjes. Se ha escrito mucho sobre esta escena, pero el detalle de presentar a Augusto como el papa, es decir, el máximo representante de Dios en la Tierra, puede ser visto desde diferentes perspectivas. Podría entenderse, por ejemplo, como una suerte de reivindicación visual de la idea de la *translatio imperii;* según el historiador Diarmuid Scully, el hecho de que el «papa-Augusto» esté representado justo frente a las Islas Británicas hace referencia a la central importancia de estas islas en la historia de la salvación, relacionando la Roma imperial y la Roma papal[38]. Sea como fuere, lo que indica más claramente esta escena es un simbiótico diálogo entre el pasado y el presente, entre lo antiguo y lo medieval, no solo en el mismo plano representativo, sino en la misma persona. Ocurre algo parecido, por ejemplo, en la difusión medieval de la figura de Alejandro Magno, cuyo prestigio le convirtió en un caballero medieval, con indumentaria propia de los valientes, honrosos y cristianos caballeros de la tradición literaria. A través de estas identificaciones, bien fueran literales o pasadas por determinados filtros más acordes a la mentalidad de la época, la tradición clásica siempre estuvo presente en el imaginario medieval. En el caso del *mappamundi* de Hereford, ese legado nos interpela miremos donde miremos. Se trata de una cosmovisión marcada por lo multidimensional. Una cosmovisión que ha maravillado a los miles de visitantes que han acudido a la catedral de Hereford a lo largo de los siglos, y que han quedado embelesados ante la compleja interacción de tiempo, espacio, herencia clásica y referencias cristianas que se despliega ante sus ojos. Todo ello, no lo olvidemos, siempre supeditado a la presencia eterna e inmutable de Dios, que se sitúa en el límite superior del mapa, más allá del mundo; es decir, más allá del tiempo y del espacio.

Por supuesto, esta presencia de elementos clásicos y de referencias que van mucho más allá de «una visión cristiana del mundo» no es una particularidad del *mappamundi* de Hereford, ni de los grandes mapas enciclopédicos y profusamente detallados como el desaparecido (pero felizmente conservado digitalmente) *mappamundi* de Ebstorf (*ca.* 1300). Podemos verla en ejemplos mucho más sencillos, más humildes, escondidos entre folios de manuscritos. Muchos mapas introducen detalles que nos retrotraen al testimonio de personajes de la Antigüedad, bien fueran históricos, míticos o, digamos, mitologizados. Con frecuencia encontramos representados los altares y pilares erigidos por Alejandro Magno en diferentes partes del mundo durante sus conquistas, y que ya han sido abor-

---

[38] Diarmuid Scully, «Augustus, Rome, Britain and Ireland on the Hereford Mappa Mundi: Imperium and Salvation», *Peregrinations: Journal of Medieval Art and Architecture* 4/1 (2013), pp. 107-133.

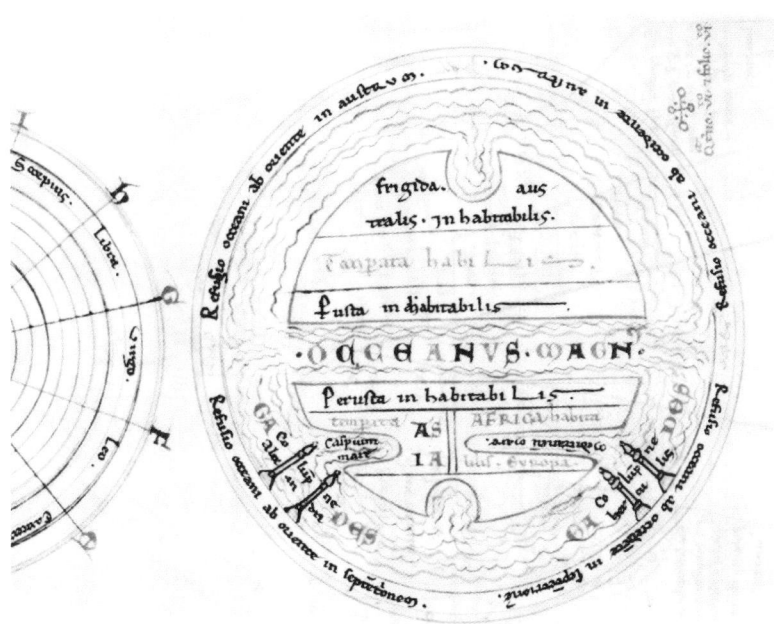

Figura 23. Mapa zonal que forma parte de un manuscrito de los *Commentarii in Somnium Scipionis*, siglo XIV. Bibliothèque Nationale de France, París. Orientado hacia el sur, la relación mítica y simbólica entre Hércules y Alejandro Magno se muestra en la representación de dos Columnas de Hércules en el extremo occidental y dos Columnas de Alejandro en el oriental.

dados en el capítulo 1. Vemos también ejemplos visuales de cómo se perpetuó la relación entre Alejandro y Hércules, con la inclusión de las Columnas de Hércules junto con las de Alejandro, algo que indica que la situación de determinados referentes geográficos era bastante flexible. Si, desde la literatura antigua había cierto consenso en que las Columnas de Hércules estaban localizadas en el actual estrecho de Gibraltar (aunque podía haber opiniones diversas, como la de Tácito, que mencionaba una tradición según la cual las columnas estaban en Germania Occidental), en algunos *mappaemundi* medievales esa localización se replantea para situarla junto a las supuestas columnas que indicaban los límites de las conquistas de Alejandro, como ocurre en un mapa de Tierra Santa realizado en el siglo XII, en el que las columnas de ambos personajes están localizadas en el extremo oriental de Asia. Pero, más habitualmente, el recuerdo recíproco de Alejandro y Hércules se traduce en la

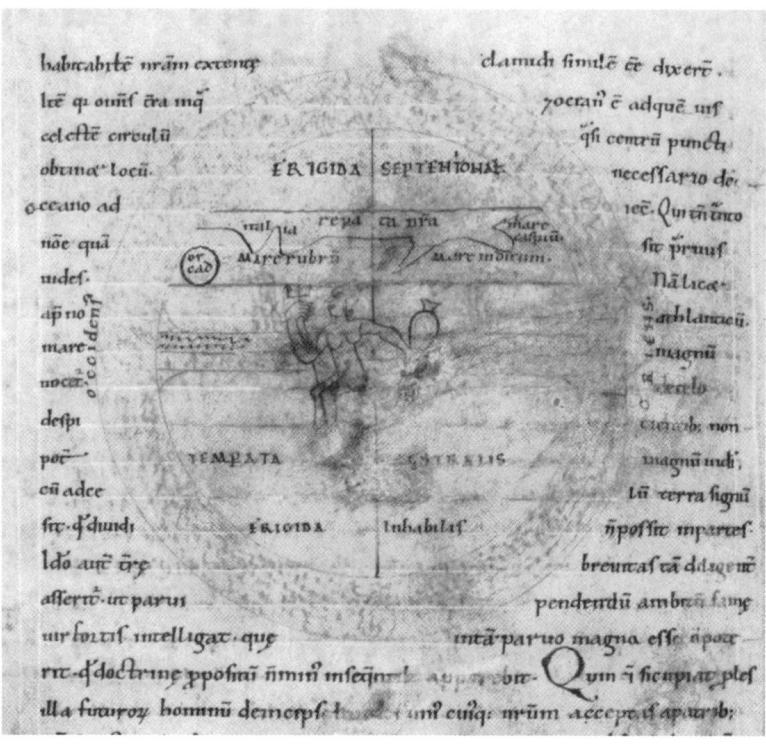

Figura 24. Mapa zonal en un manuscrito misceláneo que contiene los *Commentarii* de Macrobio, siglo XI. Bodleian Library, Oxford. El Océano central aparece representado con la figura de Neptuno.

definición de sus respectivos límites de control testimonial. Por ejemplo, en un *mappamundi* de tradición macrobiana fechado a finales del siglo XIII o principios del XIV, las únicas referencias iconográficas son dos Columnas de Hércules, en el extremo noroccidental del Océano, y dos Columnas de Alejandro, justo en el otro lado del mundo, en el límite nororiental (Fig. 23). Alejandro Magno habría estado encantado de ver que 1.000 años después de su muerte se seguían viendo los frutos de uno de sus principales objetivos: su identificación con el mismísimo Hércules.

En los *mappaemundi* también podía haber espacio para la inclusión de deidades paganas. Es lo que ocurre, por ejemplo, en un mapa zonal del siglo XI que forma parte de un manuscrito misceláneo, entre el que se encuentran los *Commentarii* de Macrobio. En este mapa, aparte de los detalles representativos propios de esta tradición (como las zonas climáticas), la banda de Océano central se indica con la mismísima figura de Neptuno, portando su famoso tridente, en una decisión que habría escandalizado a Isidoro de Sevilla, algunas secciones de cuya obra, por cierto, forman parte de este mismo manuscrito (Fig. 24).

Las fuentes cartográficas medievales, por tanto, y contra lo que se ha afirmado infinidad de veces, van mucho más allá de ofrecer una imagen meramente cristiana, bíblica, del mundo. No son solo mapas de T en O, ni mapas zonales. No se copian fríamente de manuscrito en manuscrito, sino que muestran rostros diversos, cambiantes, que exigen, al mismo tiempo, un análisis individual (del propio mapa en concreto) y contextual (de todo el complejo panorama multicausal que lo rodea). Saber leerlos, establecer relaciones y adquirir una visión amplia y panorámica de estas realidades es la mejor manera de intentar entender (si es que podemos llegar a hacerlo) las diferentes formas de ver el mundo en el universo medieval.

El mundo se ensancha mirando al pasado. La irrupción de las cartas portulanas

Hace unos años, en un congreso internacional, un especialista en historia de la cartografía de gran reputación afirmaba que, a partir de finales del siglo XIII, se desarrollaron formas de representación gráfica del espacio radicalmente nuevas, que dejaban atrás todo carácter mítico y decorativo para reflejar un conocimiento directo, empírico y «real» del entorno marítimo. Se refería a las cartas portulanas, creaciones fundamentales que se emplearían en la navegación inicialmente difundidas en el sur de Europa a finales de la Edad Media. Yo, que me encontraba entre el público, empecé a pensar en lo problemática que resultaba esa afirmación. En historia de la cartografía y, en general, en la historia del conocimiento y de la cultura, rara vez es aplicable el concepto «radicalmente nuevo» sin incurrir en parcialidades y simplificaciones. Ese tópico tan manido de «avanzar a hombros de gigantes», metáfora utilizada desde Prisciano hasta Google Scholar, tendría una gran aplicabilidad en la concepción y representación del espacio si no tuviera un trasfondo de individualismo que obvia el papel de los contextos culturales en aras de los grandes nombres, de los grandes hitos. La idea de Jacques Le Goff según la cual la historia no debe ser cortada en rebanadas es fundamental en la historia cultural de los mapas, y supone la base de una mirada de larga duración de esta compleja disciplina.

En realidad, las palabras de aquel reputado académico eran sorprendentes, pero no nuevas. De hecho, no eran más que la continuación de una idea ya labrada, cómo no, en el siglo XIX, y que se convirtió en una opinión bastante generalizada. En 1939, el ya mencionado catálogo de la exposición de mapas de Frederick B. Artz afirmaba que «afortunadamente» –adverbio que resulta bastante revelador– «a finales de la Edad Media había un grupo que no se podía permitir depender de la fantasía del monasterio: los navegantes»[39]. Y en 1953, Gerald Crone, uno de los grandes historiadores de la cartografía del siglo XX, consideraba los portulanos, en su esencia, como una completa fractura con la tradición (algo muy similar a las palabras del investigador en el citado congreso); es más, Crone llega a afirmar que, alrededor del año 1300, la cartografía estaba empezando a emerger de su «edad oscura»[40].

De hecho, tradicionalmente estos mapas náuticos han sido el principal foco de atención de los historiadores, que han visto en estas representaciones algo así como el inicio de la cartografía «seria». En 1904, Charles Beazley dedicó un artículo en la revista *Nature* a los portulanos, a los que consideraba «los primeros mapas reales», título que eligió para su publicación («The First True Maps»). Todavía muchos libros de historia de la cartografía, sobre todo aquellos dirigidos al gran público, pasan de puntillas por las tradiciones cartográficas anteriores al siglo XIV y empiezan su recorrido más atento en la irrupción de estas cartas náuticas. A veces da la sensación de que la representación del espacio geográfico en la Edad Media es vista como una suerte de peaje que hubo que pasar para llegar a las cartas náuticas, el gran avance de la práctica cartográfica, que lograron sacudirse de encima siglos de excentricidades y extravagancias.

¿Fue realmente así? ¿Existió de verdad un completo divorcio con la tradición medieval en la forma de ver y de representar el mun-

---

[39] Robert Lang, *The Map, XV-XVIII Centuries: An Exhibition Illustrating the History of Cartography from the Collection of Frederick B. Artz,* Oberlin, Ohio, 1939, p. 5. Trad. propia.

[40] Gerald R. Crone, *Maps and their Makers: An Introduction to the History of Cartography,* Folkstone, Archon Books, 1953, p. 9.

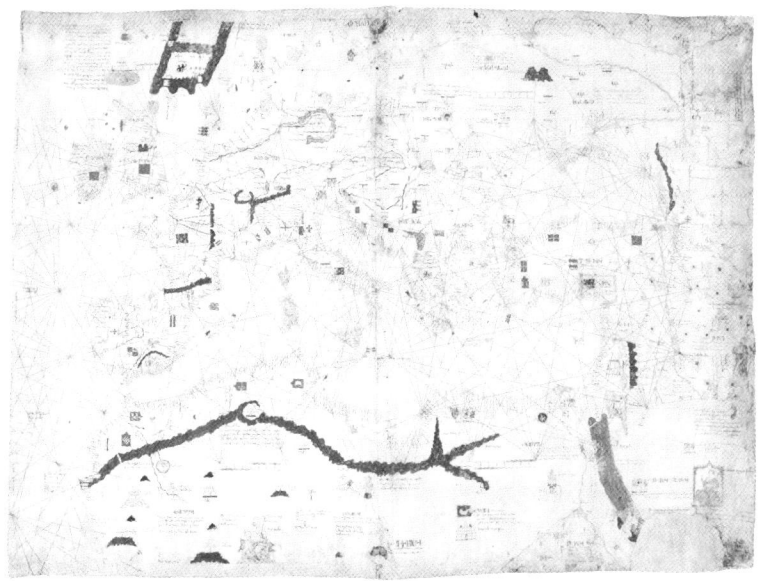

Figura 25. Carta portulana de Angelino Dulcert, 1339. Bibliothèque Nationale de France, París. Es uno de los principales ejemplos de este tipo de mapas en la primera mitad del siglo XIV.

do? Obviamente, y como llevamos denunciando a largo de todo el libro, no hay fracturas totales: la historia no es una sucesión de fichas de dominó que van cayendo una a una. Difícilmente podemos hablar de un progreso lineal y evolutivo. La cuestión es mucho más compleja, y, por tanto, mucho más interesante. Que la aparición y desarrollo de las cartas náuticas es un hecho fundamental en la historia está fuera de toda duda. Pero hay que matizar y sobre lo que reflexionar.

Empecemos por el principio: ¿de qué hablamos cuando hablamos de una carta náutica? Es una cuestión que ha generado un gran debate a lo largo del último siglo, y sigue despertando ciertas controversias en la comunidad científica. Para empezar, ni siquiera hay acuerdo en cómo llamarlas. Hace ya tiempo, el nombre comúnmente aceptado fue el de *portulanos,* traducción del término italiano *portolani* que hace referencia a listados de enclaves portuarios y costeros del entorno mediterráneo. Pero muchos especialistas no se sentían cómodos con esa denominación, ya que podía llevar a confusión y no atender a las características propias de este tipo de representación cartográfica. Se propuso el nombre de *cartas náuticas*, pero tampoco despertó un total acuerdo, ya que no hay demasiadas evidencias de que tuvieran siempre un uso directo y cotidiano durante la navegación, además de que es una denominación demasiado general. Hubo quien optó por el conciliador término *cartas portulanas*, pero también se plantearon otros como *cartas marinas*. Hoy día, la elección del término depende un poco de la persona que aborde el tema, así que nosotros utilizaremos el que puede que sea el menos problemático y el más específico: *carta portulana*.

Por lo general, las cartas portulanas están realizadas sobre una única piel de vitela, sobre la que se representa, en un principio, la cuenca mediterránea, con especial atención a los entornos costeros, que se indican con abundantes topónimos que van recorriendo la costa (Fig. 25). Con una simple observación, podemos pensar que están casi invariablemente orientadas al norte, pero muchas de ellas contienen textos y topónimos en varias direcciones, que no pueden ser leídos con esa orientación. Si bien, en un principio, se representaba sobre todo el entorno Mediterráneo, pronto el espacio de representación se fue ampliando y, conforme las navegaciones y los avances técnicos permitían un mayor conocimiento del océano para los europeos, las cartas portulanas fueron ampliando también la imagen que ofrecían, llegando a incluir cada vez más detalles y regiones.

Más allá de los aspectos formales, lo cierto es que no se sabe gran cosa de ellas. En los últimos años ha habido un importante avance en el conocimiento de esta tradición representativa, pero todavía queda mucho por descubrir, y mucho de lo que se sabe está basado en hipótesis, cuando no directamente en conjeturas. Si bien el primer ejemplo que se ha conservado, la famosa Carta Pisana, ha sido datada (no sin polémica) a finales del siglo XIII, el origen de estas cartas aún está sumido en la oscuridad. Ha habido teorías de todo tipo: que provienen de modelos de la Antigüedad, que surgieron en la Alta Edad Media, que están influenciados por la cartografía islámica y del Próximo Oriente... Rastrear los orígenes de esta tradición es realmente complicado, y existen proyectos de investigación de gran envergadura destinados a intentar dilucidar esta cuestión. Pero la respuesta definitiva no parece estar todavía a nuestro alcance, al menos una respuesta que satisfaga a todo el mundo. En lo que sí hay acuerdo es en considerar que, obviamente, las cartas portulanas no surgieron de la nada. Lejos de aparecer por generación espontánea, son el resultado de una relación cercana, práctica y empírica del entorno geográfico, sobre todo marítimo. Y esta relación, junto con el desarrollo de esenciales instrumentos náuticos y de medición, derivó en una cartografía metódica, basada en una serie de reglas. Así, una de las principales características de estos mapas es su diseño en torno a líneas de rumbo organizadas en puntos de compás, que forman una suerte de telaraña a lo largo de la superficie.

Cuestiones como estas pueden llevar a pensar que las cartas portulanas no tienen demasiado que ver con los *mappaemundi* que se habían hecho hasta el momento, pero esto no es del todo cierto. Para empezar, porque no podemos hablar en términos evolutivos; no se trata de los *mappaemundi* «que se habían hecho hasta el momento», sino de los que se seguían haciendo, en la misma época e incluso el mismo contexto cultural. El primer desarrollo de las cartas portulanas coincide por completo con la creación de algunos de los grandes *mappaemundi* medievales; unos pocos años separan el *mappamundi* de Hereford de la Carta Pisana, y ambas formas de cartografiar el mundo convivirían durante mucho tiempo. Mientras se realizaban las cartas portulanas y se representaba esa estrecha relación empírica con el océano, se hacían también *mappaemundi* para reflejar otro tipo de información. No existía ninguna tensión entre ambas tendencias; de hecho, podemos encontrar casos de cartas portulanas que comparten el espacio representativo con un *mappamundi* de carácter más tradicional, todo en el mismo documento. A nivel formal, en los siglos XIV y XV se realizaron una serie de mapas que presentan características de ambas tradiciones a la vez (una disposición circular propia de los *mappaemundi* y la representación de detalles distintivos de las cartas portulanas), así como un diálogo entre nuevas referencias geográficas (por ejemplo, las navegaciones portuguesas por el Atlántico sur) y aquellas procedentes de la tradición –algo que permitió a David Woodward, en su afán por categorizar las tendencias cartográficas medievales, bautizarlos como «mapas transicionales»–.

Por tanto, no hubo una sustitución sistemática. Lo que se dio fue una cercana convivencia, un diálogo entre pasado y presente. En las cartas portulanas encontramos la introducción de aquellos lugares que los navegantes iban encontrando, sobre todo islas y archipiélagos del Atlántico, pero eso no significa que desecharan lo anterior.

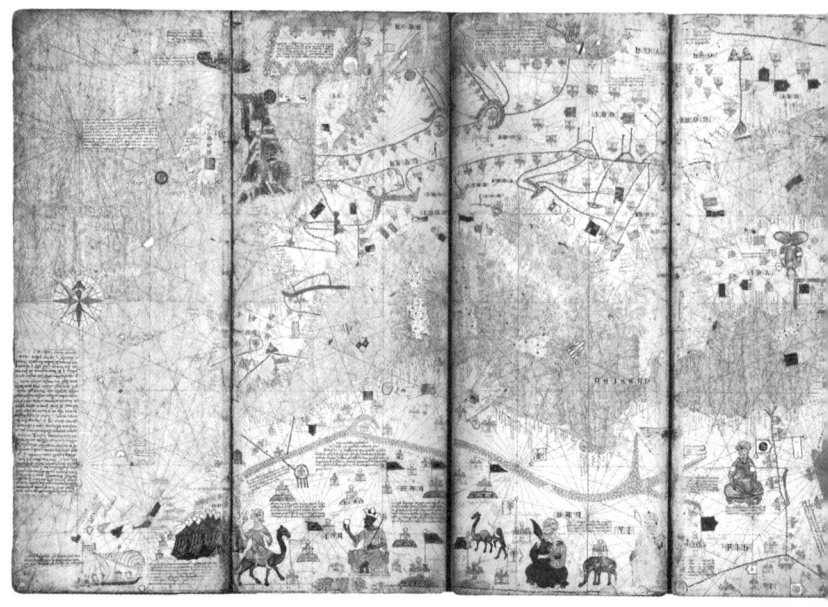

Como ya afirmó en su momento Tony Campbell, no podemos decir que las cartas portulanas estuvieran libres de lo que hoy llamamos superstición, pero tampoco lo estaban los navegantes medievales. Tengamos en cuenta, de todas maneras, que aplicar conceptos como «superstición», «fantasía» o «realidad» en la visión del mundo de otras épocas, especialmente de la Edad Media, no es más que un ejercicio de presentismo que nos aleja de la comprensión de un periodo tan complejo. Si bien las cartas portulanas representan otra forma de estudiar las realidades geográficas de lo que eran los *mappae-mundi,* aquello que había influenciado en estos seguía haciéndolo en aquellos. El peso de los grandes nombres del conocimiento, los que habían moldeado la imagen del mundo a través de descripciones y representaciones durante siglos, tenía un protagonismo clave. Al analizar los textos geográficos y los mapas de finales de la Edad Media, del Renacimiento y hasta bien entrado el siglo XVII, resulta fascinante ver la relación que se produce entre lo que se sabía y lo que se descubría; entre lo que decían los antiguos y las nuevas informaciones geográficas que llegaban a Europa. Ya vimos en el capítulo 2 cómo los europeos que llegaban a América afirmaban haber visto algunas de las razas de las que hablaba Plinio, y que poblaban

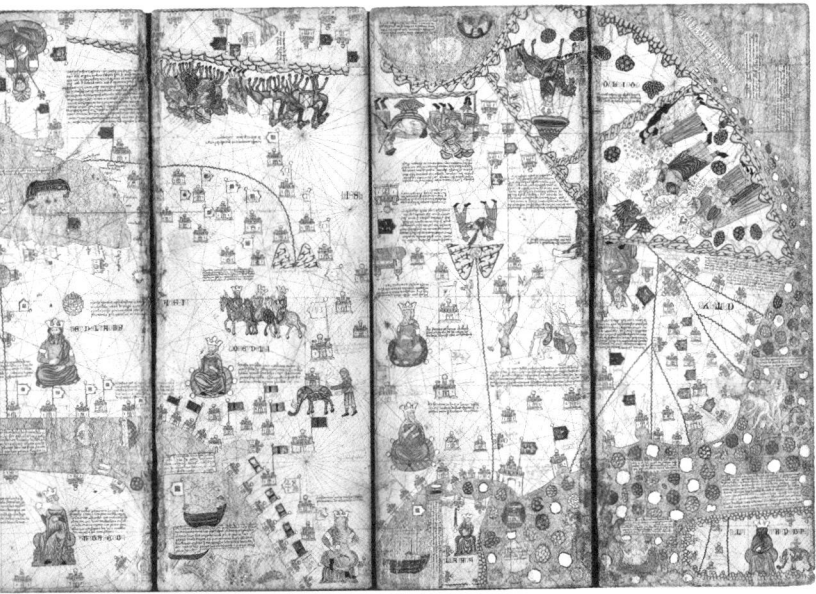

Figura 26. *Atlas* de Abraham Cresques, *ca.* 1375. Bibliothèque Nationale de France, París. Se trata de una obra maestra de la cartografía y de la miniatura iluminada del siglo XIV. Basándose en un amplio catálogo de fuentes, desde Plinio hasta Marco Polo, Cresques muestra el estado del conocimiento sobre el mundo en las últimas décadas del siglo.

los márgenes del mundo en los mapas medievales. En los textos geográficos, las identificaciones de referentes tradicionales con aquellos que iban siendo descubiertos son constantes. No fue difícil convertir las Islas Afortunadas en islas Canarias a partir del siglo XIV, ni las islas Gorgadas o Hespérides en Cabo Verde. En la Edad Media se difundió la leyenda de la maravillosa Isla de las Siete Ciudades, a la que habían llegado siete obispos huyendo de la expansión islámica en la península ibérica. Cada obispo había fundado una ciudad, todas ellas llenas de maravillas y riquezas. Cuando, tiempo después, los europeos llegaron a América y escucharon historias de ciudades ricas y prósperas, el recuerdo de la Isla de las Siete Ciudades se identifica con las míticas Cíbola y Quivira, que tenían que ser, por fuerza, aquellas ciudades de las que hablaban los relatos.

No es fácil deshacernos de todo aquello que ha construido nuestra cosmovisión. Los navegantes, los sabios y los cartógrafos no constituían una excepción. Por ello no resulta sorprendente ver, en la carta portulana conocida como Carta Pizzigani (1367), la representación de las Islas Afortunadas siendo bendecidas por un personaje que ha sido identificado con san Brandán, referencia puramente medieval, abad del monasterio irlandés de Clonfert y protagonista de una historia de enorme éxito en la Europa de la Edad Media según la cual emprendió una navegación por el Atlántico en la que él y sus compañeros de viaje encontraron toda una serie de maravillosas islas, llegando incluso a alcanzar el Paraíso Terrenal.

La convivencia entre fuentes de diversas procedencias y distintas épocas es especialmente visible en el impresionante *Atlas* realizado por el judío mallorquín Abraham Cresques (1375), que supone una de las joyas de la Biblioteca Nacional de Francia y una de las obras maestras de la miniatura bajomedieval (Fig. 26). Organizado en seis hojas de pergamino montadas sobre madera, la obra se abre con información cosmográfica, cosmológica y cronológica, con un carácter visual fundamental. El atlas propiamente dicho, que muestra una imagen del mundo conocido en la época, desde el Atlántico hasta el Índico, es una auténtica explosión de información, detalles, textos y colores. Una obra de lujo, llena de pan de oro y de recursos cromáticos de gran valor. Su carácter de carta portulana es especialmente apreciable en la sección occidental (precisamente aquella parte del mundo que era el objeto de representación en las cartas de la época), en la que se detallan numerosísimos enclaves costeros del Mediterráneo y parte del Atlántico. En la sección oriental los enclaves referenciados son bastante menos, pero se compensa con la inclusión de ciudades, gobernantes, animales, criaturas míticas, islas, etc., con los viajes de Marco Polo como una de las fuentes principales.

De hecho, el *Atlas* de Cresques refleja un momento en el que Europa estaba recibiendo noticias provenientes de aquellos lejanos límites del mundo, tanto occidentales como orientales. Las historias sobre navegaciones de genoveses y mallorquines por aguas atlánticas convivían con los relatos de Marco Polo, cuyas experiencias en el Extremo Oriente maravillaban a la sociedad europea, y que habían estado precedidas por las de otros personajes como los italianos Giovanni de Pian Carpine y Juan de Montecorvino que, años antes, habían emprendido viajes a Oriente con fines diplomáticos y evangelizadores. El *Atlas* es una riquísima traducción cartográfica de todas las noticias que estaban a disposición de Cresques: el supuesto viaje de Jaume Ferrer por el Atlántico en busca del Río de Oro, las tradiciones y costumbres de los diferentes pueblos, los gobernantes que regían distintas regiones del mundo (imposible pasar por alto la descripción y representación de Mansa Musa, el famoso emperador de Mali, considerado el gobernante más rico de toda la historia), las rutas caravaneras que unían Oriente y Occidente… Es, en definitiva, una muestra de todo lo que hay en el mundo, un reflejo de su enorme pluralidad. Pero, con todo, las fuentes que utiliza no son únicamente contemporáneas. En la descripción de abundantes referentes geográficos hace uso de autores antiguos y medievales; recordemos cómo Cresques denomina a Plinio y a Isidoro «maestros de mapamundis» mientras describe las Islas Afortunadas. De nuevo, en su *Atlas* convive con total naturalidad el pasado y el presente, la historia y la actualidad, lo antiguo y lo novedoso. La complejidad del *Atlas* de Cresques es, en definitiva, un reflejo directo de la complejidad del mundo bajomedieval.

Con el tiempo, mientras el mundo se ampliaba cada vez más para los europeos y, por tanto, gran parte de las cartas portulanas y mapas reflejaban una mayor información, los tradicionales referentes que formaban parte del mundo antiguo y medieval continuaban sobreviviendo, pero no siempre de la misma manera ni en el mismo lugar. Un ejemplo paradigmático son las Columnas de Hércules, que, como hemos visto, conformaron los límites del mundo conocido en el imaginario occidental durante más de un milenio. La fuerza simbólica de esta referencia, que se vería reflejada, a partir del siglo XVI, en el *Plus ultra* de la monarquía hispánica y en el escudo actual de España, se tradujo en una decisión que no carecía de lógica: si las columnas marcaban el último límite del mundo conocido y ese límite se iba ampliando, la localización de las columnas también cambiaría. El navegante portugués Diogo Gomes (*ca.* 1420-*ca.* 1502), en sus narraciones sobre las travesías portuguesas por el Atlántico, afirmaba que Hércules había colocado las columnas en dos islas cercanas al Cabo Nun, en el noroeste de África, considerado en la época el límite infranqueable al que los navegantes podían llegar. En algunas cartas portulanas de la época, así como el famoso mapamundi de Andreas Walsperger (1448), las columnas aparecen ya en medio del Atlántico, como una isla más, indicando visualmente que es ahí donde se encuentra el límite (Fig. 27). Hasta ahí llegó Hércules para desaconsejar que se siguiera el viaje hacia lo desconocido. Como vemos, las travesías del héroe clásico pueden llegar

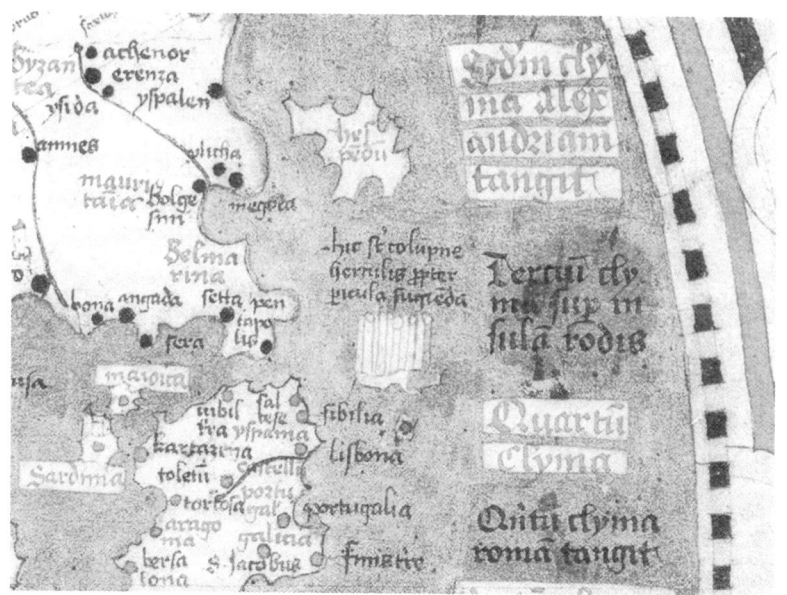

Figura 27. Detalle del mapamundi de Andreas Walsperger, 1448. Biblioteca Apostolica Vaticana, Vaticano. Las Columnas de Hércules, que tradicionalmente habían sido representadas en el actual estrecho de Gibraltar para indicar el final del mundo conocido, están ahora en el interior del Océano, como reflejo del avance de las navegaciones portuguesas por la fachada atlántica.

a ser tan maleables como los testimonios que el imaginario posterior le atribuye.

Alrededor de 1450, el veneciano Fra Mauro, en su enorme y detallado mapamundi (una de las obras maestras de la cartografía del siglo XV), explica en un texto situado al sur de Cabo Verde que, según lo que ha oído, hay ahí una columna con una mano y una inscripción que prohíbe el paso más allá de ese punto, pero afirma, con gran escepticismo, que le gustaría que los portugueses, quienes navegan por ese mar, se lo confirmaran, porque él no se atrevería a darlo por sentado. Aunque resulta interesantísima, no se trata de una referencia del todo novedosa del veneciano; la mención de una columna o una estatua de Hércules en el Atlántico, acompañada de una inscripción que prohíbe la navegación, ya fue realizada en el siglo X por el historiador y geógrafo de Bagdad al-Masudi (896-956). Al-Masudi afirmaba que, sobre los pilares de cobre y piedra que había erigido Hércules, había inscripciones y figuras que prohibían navegar más allá de las columnas, las cuales, no obstante, algunos afirmaban que no estaban en el estrecho, sino en algunas islas del Atlántico. Esto sería mencionado también por autores posteriores como Ibn Ridwan (*ca.* 988-*ca.* 1061) en su comentario al *Tetrabiblos* de Ptolomeo, traducido en el siglo XIII al latín y, posteriormente, al español, siendo descrita la estatua en la *Estoria de España* compuesta a instancias del rey Alfonso X a partir de 1270. Otro ejemplo más de que las referencias geográficas, las descripciones del mundo y sus representaciones son el resultado de constantes influencias, préstamos y recursos a la tradición. Las cartas portulanas reflejan una forma determinada de acercarse a las realidades geográficas, pero no constituyen una total ruptura con su contexto ni con su pasado. En una época en la que se gesta un cambio fundamental en la imagen del mundo, ese cambio está intrincado en diferentes realidades, tanto culturales como cronológicas. Ya he comentado cómo Cristóbal Colón utilizaba, a conveniencia, tanto textos clásicos (Aristóteles, Solino o Plinio) como medievales (Isidoro de Sevilla o Roger Bacon) y casi contemporáneos (Pierre d'Ailly) para justificar la viabilidad de su proyecto de navegar a las Indias por Occidente. La visión medieval del mundo se extiende mucho más allá de los límites que se le han impuesto. Hasta, al menos, el siglo XVII, la mirada siempre está puesta en el pasado, pero eso no impide que el mundo se ensanche.

Epílogo. Una larga Edad Media

Es 1569. La modesta ciudad de Duisburgo, en Alemania, se está convirtiendo en un gran foco comercial e intelectual que atrae cada vez a más personas. Es una ciudad mediana, tranquila, regida por el duque Guillermo de Jülich-Cléveris-Berg, personaje de una gran formación humanística que quiere hacer de Duisburgo un centro de la cultura, del conocimiento y, en definitiva, de la sabiduría. Guillermo ha acogido a una serie de personalidades de la época, sobre todo cercanas al protestantismo, que estaban siendo censuradas (cuando no directamente perseguidas y juzgadas) por los católicos en un clima de desconfianza y acoso casi irrespirable.

Una de esas figuras es Gerhard Kremer, que ha latinizado su nombre como Gerardus Mercator. Uno de los grandes cosmógrafos y cartógrafos no solo de la época, sino de toda la historia de Europa, Mercator lleva viviendo en Duisburgo desde 1552, año en que llegó huyendo de la persecución de los católicos, ya que fue juzgado y temporalmente encarcelado por su simpatía hacia las ideas luteranas. El duque Guillermo no solo le recibió con los brazos abiertos, sino que le otorgó el puesto de cosmógrafo de la corte.

Mercator es alguien muy respetado, y entre sus clientes hay personajes tan importantes como el mismísimo emperador Carlos V. Desde que estudiara en la Universidad de Lovaina bajo la tutela del astrónomo Regnier Gemma Frisius y realizara con él dos globos, uno terráqueo y otro celeste, que habían sido muy admirados años atrás, Mercator goza de una gran reputación en los círculos académicos y nobles desde los años treinta del siglo XVI. Pero en 1569 es cuando se hace inmortal. Ese año finaliza y publica un gran mapa que se plantea como la imagen definitiva del mundo, creada con fundamentos científicos, modernos y racionales. Un mapa realizado con una proyección cartográfica que pasará a la historia con su nombre, «proyección de Mercator», y con la que, aún en el lejanísimo siglo XXI, los niños aprenderán geografía en los colegios.

El mapa de Mercator está basado en una idea clave: la novedad. Hacer algo que no se haya hecho nunca. Algo que refleje que es el conocimiento científico y su aplicación práctica el que debe dar forma a la imagen del mundo. El propio nombre con el que Mercator bautiza el mapa alude a esa idea: *Nova et Aucta Orbis Terrae Descriptio ad Usum Navigantium Emendate Accommodata (Nueva y más completa representación del globo terrestre adecuadamente adaptada a su uso en navegación)*. Ese es el objetivo principal del mapa: ofrecer a los navegantes una guía para poder navegar entre dos puntos en un solo rumbo de compás. En realidad, se trata de una ayuda más bien teórica, porque no tendrá demasiada utilidad efectiva durante la navegación, pero esa es otra cuestión. Lo que nos interesa es que el mapa realizado por Mercator es un intento de dejar atrás la tradición y ofrecer una imagen nueva del mundo.

Pero, si nos fijamos en los detalles, esa imagen no resulta radicalmente nueva. El mapa presenta el estado del conocimiento sobre el mundo a finales de los años sesenta del siglo XVI, pero aún contiene muchas referencias específicamente medievales: desde la legendaria Isla de San Brandán en el Atlántico (alusión a la narración, de enorme éxito en la Edad Media, de la navegación del abad irlandés Brandán de Clonfert junto con una serie de compañeros) hasta la presencia del mítico Reino del Preste Juan (supuesto rey cristiano que gobernó una suerte de reino utópico en la Edad Media, primero localizado en Asia y posteriormente en Etiopía). En un complejo sistema de referencias y fuentes, vemos menciones propias de la época, tales como las navegaciones de los europeos a América y la circunnavegación del mundo realizada por Magallanes y Elcano, junto con su tripulación, entre 1519 y 1522; de hecho, en el sur del continente americano Mercator incluye figuras de caníbales y de gigantes patagónicos, mencionados por primera vez por Antonio Pigafetta, miembro de esa tripulación y autor de una maravillosa narración del viaje. Pero, al mismo tiempo, en el mapa también vemos descripciones que son producto de la construcción medieval de la imagen del mundo, una construcción demasiado asentada en la conciencia europea como para que pudiera ser evitada fácilmente.

Esta convivencia entre nuevas informaciones y referencias propias de la cosmovisión medieval caracterizan la visión del mundo durante siglos, y echan por tierra la concepción fríamente evolutiva de la representación cartográfica y, por extensión, del conocimiento y de la cultura. Al igual que ocurre en otras producciones culturales y científicas, los mapas de diferentes épocas no se dan la espalda. No existe una «superación» propiamente dicha, sino una convivencia, un diálogo. Así, las cartas portulanas se siguieron realizando a lo largo de los siglos, y ya hemos visto cómo podemos encontrar mapas de T en O de manera casi ininterrumpida, de una forma u otra, hasta la actualidad. Es más, la teoría zonal de Macrobio, que tanto éxito tuvo en la Edad Media, no iba del todo desencaminada; aún hoy el mundo es dividido en zonas térmicas delimitadas en función de su clima, de forma bastante parecida a como se hacía a lo largo de la Edad Media.

El propio Mercator se basó en diversas fuentes medievales para la creación de su *Atlas,* publicado por sus hijos y su mujer en 1596, un año después de su muerte. En los numerosos mapas y textos que componen la obra podemos ver referencias, bien sean explícitas o implícitas, a autores y obras de siglos anteriores. Si bien Mercator tiene a Claudio Ptolomeo como una influencia clave, no pasa por alto todo lo que viene de lo que denominamos Edad Media. Por ejemplo, en una carta enviada al astrónomo John Dee en 1577, Mercator reconoció que, para el diseño de su mapa del Polo Norte, uno de los más llamativos del *Atlas,* se basó en el supuesto viaje de un monje franciscano que visitó las regiones del Norte de Europa en el siglo XIV. Este monje narraba que en el límite septentrional del mundo existía lo que llamaba *Rupes Nigra,* una gran roca rodeada de violentos remolinos de agua y cuatro grandes islas; esa roca tenía tal fuerza magnética que atraía el magnetismo de la Tierra. Esta narración tuvo una gran influencia, y apareció en la mayoría de los mapas realizados a partir de finales del siglo XV (incluido el de Mercator).

Han sido muchos quienes han hablado de los siglos XVI y XVII como una época de reformulación de ideas geográficas y de una nueva relación descriptiva de Europa con el mundo que estaban conociendo. En un proceso que ha sido denominado de «racionalización del mundo conocido», se ha defendido que se produjo una superación de concepciones geográficas clásicas y medievales, y se dio comienzo a una especie de nueva era en el conocimiento y representación del mundo. Pero, en realidad, el tema no es tan fácil. Consciente o inconscientemente, directa o indirectamente, las descripciones geográficas de la Edad Media estarán presentes durante muchísimo tiempo; ya lo hemos visto a lo largo de este libro. En 1736, el cartógrafo Herman Moll, muy reputado por realizar mapas modernos, actualizados y «racionales» del mundo (al mismo tiempo que salvajemente racistas y coloniales, todo sea dicho, desde una perspectiva actual), presentó un mapamundi que respondía a las más novedosas informaciones y observaciones geográficas. Una imagen supuestamente definitiva del mundo. Pero sigue reflejando el mítico estrecho de Anián, que, según se creía (o, más bien, se quería creer), estaba localizado en el norte del continente americano y permitía la conexión entre el Atlántico y el Pacífico. El origen de este nombre no es otro que Marco Polo, que en sus *Viajes* hablaba de una región en el extremo oriente llamada «Aniu», que sería identificada, siglos después, con una conexión entre ambos océanos. Numerosos europeos, desde principios del XVI, se afanaron en buscar dicho estrecho, y fue presencia constante en los mapas desde los años sesenta del mismo siglo. Una referencia con origen medieval, propia de la geografía imaginaria, que tendría un enorme peso en la concepción moderna del mundo.

Lo mismo ocurre con otro lugar que supone uno de los principales referentes de la geografía imaginaria occidental: la Isla de San Brandán, también conocida como San Borondón. Pongámonos en contexto: en la ya mencionada historia de San Brandán, de enorme difusión a partir del siglo XI, los protagonistas llegan a una isla desierta en la que desembarcan y celebran una misa. Al terminar, encienden una hoguera para preparar la cena y, mientras están cenando, la isla se empieza a mover. Alarmados, los monjes huyen a la embarcación, y Brandán les hace saber la verdad: no estaban en una isla, sino en el lomo de un gran animal marino que la tradición posterior identificó con una ballena. Con el tiempo, este episodio se fundió con la imagen del mundo, y se empezó a hablar de una isla fantasma que aparece y desaparece caprichosamente, y llegó a considerarse como una de las Islas Afortunadas en textos a partir del siglo XII y en mapas a partir de principios del XIV (de hecho, es el *mappamundi* de Hereford el primero que menciona esta relación). Con las primeras navegaciones atlánticas europeas y la posterior identificación de las Afortunadas con Canarias, la Isla de San Borondón se convirtió en una presencia habitual en los mapas; hasta 1721 se enviaron expediciones oficiales de la corona para intentar encontrar la isla, y se representa en mapas de Canarias, al menos, hasta la segunda mitad del siglo XVIII. Pero la leyenda quedó asentada para siempre en la conciencia canaria, hasta el punto de haber personas que aseguran haberla visto alguna vez. El 10 de agosto de 1958, el diario *ABC* publicó, a nivel nacional, una fotografía en la que se veía la silueta de una isla que se suponía era San Borondón, algo que se convirtió en un tema de conversación en todo el país. En abril de 2024, unos turistas en Tenerife hicieron una foto en la que se veía, con nitidez, una supuesta isla solitaria en el mar; la noticia corrió por los titulares de medios de comunicación regionales, que la relacionaron, de nuevo, con San Borondón. Se sabe que la vista de esa isla no es más que un efecto óptico que hace que, en determinadas situaciones meteorológicas, surjan siluetas en el horizonte que pueden parecer islas. Pero eso no tiene mayor importancia. La leyenda continúa viva, y lo seguirá estando. Una leyenda anclada en la tradición medieval que aún alimenta la imaginación colectiva.

El mundo continúa lleno de referencias geográficas con origen medieval. Desde topónimos hasta tradiciones, desde ritos hasta conocimiento científico. En los mapas, esa influencia ha sido casi constante. Los límites cronológicos y culturales de la Edad Media son difusos, al igual que los de su concepción del mundo. Una visión amplia, de largo alcance y global nos permite valorar los mapas medievales de una forma mucho más rica, compleja y apasionante. Nada surge de la nada. Todo está relacionado, de una forma u otra. Y encontrar esas relaciones, entenderlas y estudiarlas de forma rigurosa, seria y desprejuiciada, es la mejor manera de comprender el pasado y el presente. Porque entender un mapa no es otra cosa que entendernos a nosotros mismos.

Bibliografía

ARISTÓFANES, *Las nubes,* ed. de Francisco Rodríguez Andrados y Juan Rodríguez Somolinos, Madrid, Cátedra, 1995.

ARISTÓTELES, *Acerca del Cielo-Meteorológicos,* trad. de Miguel Candel, Madrid, Gredos, 1996.

AULO GELIO, *Noches áticas,* ed. de Manuel-Antonio Marcos Casquero y Avelino Domínguez García, León, Universidad de León, 2006 [otra ed.: ed. de Santiago López Moreda, Madrid, Akal, 2009].

AZNAR VALLEJO, Eduardo; CORBELLA DIAZ, Dolores y TEJERA GASPAR, Antonio, *La Crónica de Guinea. Un modelo de etnografía comparada,* Barcelona, Bellaterra, 2012.

BALTRUŠAITIS, Jurgis, *La Edad Media fantástica,* Madrid, Cátedra, 1986 [ed. orig.: *Le Moyen Âge fantastique: antiquités et exotismes dans l'art gothique,* París, A. Colin, 1955].

BEAZLEY, C. Raymond, *The Dawn of Modern Geography,* Oxford, Clarendon Press, 1906.

BOCCACCIO, *Decamerón,* trad. de María Hernández Esteban, Cátedra, Madrid, 2005.

BOORSTIN, Daniel J. *Los descubridores,* Barcelona, Grijalbo, 1986 [ed. orig.: *The Discoverers,* Nueva York, Random House, 1983].

BOSWORTH, A. B., *Alejandro Magno,* Madrid, Akal, 2005 [ed. orig.: *Conquest and Empire. The Reign of Alexander the Great,* Cambridge, Cambridge University Press, 1988].

BROTTON, Jerry, *Historia del mundo en doce mapas,* Barcelona, Debate, 2014 [ed. orig.: *A History of the World in Twelve Maps,* Nueva York, Penguin, 2012].

BROWN, Peter, *Agustín de Hipona,* Madrid, Acento, 2006 [ed. orig.: *Augustine of Hippo. A Biography,* Berkeley/Los Ángeles, University of California Press, 1968].

BURTON RUSSELL, Jeffrey, *El mito de la tierra plana,* Barcelona, Stella Maris, 2014 [ed. or.: *Inventing the Flat Earth: Columbus and Modern Historians,* Nueva York, Praeger, 1991].

CAMPBELL, Tony, «Portolan Charts from the Late Thirteenth Century to 1500», en David Woodward y John Brian Harley (eds.), *The History of Cartography, vol. 1, Cartography in Prehistoric, Ancient, and Medieval Europe and the Mediterranean,* Chicago/Londres, University of Chicago Press, 1987, pp. 371-463.

CRONE, Gerald R., *Historia de los mapas,* México, Fondo de Cultura Económica, 1956 [ed. orig.: *Maps and their Makers. An Introduction to the History of Cartography,* Londres, Hutchinson University Library, 1953].

CROWTHER, Kathleen; MCCRAY, Ashley Nicole *et al.,* «The Book Everybody Read: Vernacular Translations of Sacrobosco's Sphere in the Sixteenth Century», *Journal for the History of Astronomy* 46/1 (2015), pp. 4-28.

DELNERO, Paul, «A land with no borders. A new interpretation of the Babylonian Map of the World», *Journal of Ancient Near Eastern History* 4/1-2 (2018).

DEZOBRY, Charles y BACHELET, Théodore, *Dictionnaire général des lettres, des beaux-arts et des sciences morales et politiques,* París, C. Delagrave, 1879.

DILKE, O. A. W., *Greek and Roman Maps,* Ithaca, NY, Cornell University Press, 1985.

DIÓGENES LAERCIO, *Vidas de los filósofos ilustres,* trad. de Carlos García Gual, Madrid, Alianza, 2007.

DRAPER, John W., *Historia de los conflictos entre la religión y la ciencia,* Madrid, 1876 [ed. orig.: *History of the Conflict between Religion and Science,* Henry S. King & Co, 1875].

ESTRABÓN, *Geografía,* I, trad. de J. L. García Ramón y J. García Blanco, Madrid, Gredos, 1991.

GAUTIER DALCHÉ, Patrick, «De la glose à la contemplation. Place et fonction de la carte dans les manuscrits du haut Moyen Âge», en *Testo e immagine nell'alto medioevo (Settimane di studio del Centro italiano di studi sull'alto medioevo, XLI),* 2, Spoleto, 1994, pp. 693-771.

GAUTIER DE CHÂTILLON, *Alejandreida,* trad. de Francisco Pejenaute Rubio, Madrid, Akal, 1998.

GREGORIO DE TOURS, *Historias,* ed. de Pedro Herrera Roldán, Cáceres, Universidad de Extremadura, 2013.

HAMILTON, Lawrence, «Conspiracy vs. Science: A Survey of U.S. Public Beliefs», University of New Hampshire, 25 de abril de 2022, disponible en [https://carsey.unh.edu/publication/conspiracy-vs-science-survey-us-public-beliefs].

HANNAM, James, *God's Philosophers. How the Medieval World Laid the Foundations of Modern Science,* Londres, Icon Books, 2009.

HANNAM, James, *The Globe. How the Earth Became Round,* Londres, Reaktion Books, 2023.

HERÓDOTO, *Historia,* trad. de Carlos Schrader, Madrid, Gredos, 1977 [otra ed.: ed. de Antonio González Caballo, Madrid, Akal, 1994].

HODGKISS, Alan, *Understanding Maps. A Systematic History of their Use and Development,* Folkestone, Dawson, 1981.

HOLT-JENSEN, A., *Geografía: historia y conceptos,* Barcelona, Vicens Vives, 1992 [ed. orig.: *Geography: History and Concepts,* Londres, Harper and Row, 1981].

IRVING, Washington, *Vida y viajes de Cristóbal Colón,* Madrid, Gaspar y Roig, 1851 [ed. orig.: *A History of the Life and Voyages of Christopher Columbus,* Londres, John Murray, 1828].

ISIDORO DE SEVILLA, *Etimologías,* ed. de José Oroz Reta y Manuel A. Marcos Casquero, Madrid, Biblioteca de Autores Cristianos, 2004.

JAMES, Preston E. y MARTIN, Geoffrey, *All Possible Worlds. A History of Geographical Ideas,* Londres, John Wiley & Sons, 1981.

JANNI, Pietro, *El mapa y el periplo. Cartografía antigua y espacio hodológico,* Alcalá de Henares/Sevilla, Editorial Universidad de Alcalá/ Editorial Universidad de Sevilla, 2024 [ed. or.: *La mappa e il periplo. Cartografía antica e spazio odologico,* Roma, Giorgio Bretschneider, 1984].

LACTANCIO, *Instituciones divinas,* ed. de Eustaquio Sánchez Salor, Madrid, Gredos, 1990.

LAISTNER, M. L. y KING, H. H., *A Hand-list of Bede Manuscripts,* Ithaca, Cornell University Press, 1943.

LANG, Robert, *The Map, XV-XVIII Centuries: An Exhibition Illustrating the History of Cartography from the Collection of Frederick B. Artz,* Oberlin, Ohio, 1939.

LILLEY, Keith (ed.), *Mapping Medieval Geographies. Geographical Encounters in the Latin West and Beyond, 300-1600,* Cambridge, Cambridge University Press, 2014.

LUCANO, *Farsalia,* trad. de Antonio Holgado Redondo, Madrid, Gredos, 1984 [otra ed.: ed. de Dulce Estefanía, Madrid, Akal, 1989].

MACROBIO, *Comentario al Sueño de Escipión de Cicerón,* trad. de Fernando Navarro Antolín, Madrid, Gredos, 2016.

MARTÍNEZ CAVERO, Pedro, «Los argumentos de Orosio en la polémica pagano-cristiana», *Antigüedad y Cristianismo* VII (1990), pp. 319-331.

JONÁS DE BOBBIO, *Life of Columbanus, Life of John of Réomé, and Life of Vedast,* ed. y trad. de Alexander O'Hara e Ian Wood, Liverpool, Liverpool University Press, 2017.

PAULO OROSIO, *Historias,* ed. de Eustaquio Sánchez Salor, Madrid, Gredos, 1982.

PLINIO EL JOVEN, *Cartas,* Madrid, Gredos, 2005.

PLINIO EL VIEJO, *Historia Natural,* trad. de Antonio Fontán, Ignacio García Arribas *et al.,* Madrid, Gredos, 1995.

POLIBIO, *Historias,* trad. de Manuel Balasch Recort, Madrid, Gredos, 1991.

RUDOLPH, Conrad, *The Mystic Ark. Hugh of Saint Victor, Art, and Thought in the Twelfth Century,* Cambridge, Cambridge University Press, 2014.

SÁENZ-LÓPEZ PÉREZ, Sandra, «El mundo como una manzana en la palma de la mano: el pomo y su relación con la cartografía medieval», *Anales de Historia del Arte* 23 (2013), pp. 437-549.

SALUSTIO, *Guerra de Jugurta,* trad. de Bartolomé Segura Ramos, Madrid, Gredos, 1997 [otra ed.: ed. de Avelina Carrera de la Red, Madrid, Akal, 2001].

SAN AGUSTÍN, *La Ciudad de Dios,* trad. por Carlos Santamarta del Río y Miguel Fuentes Lanero, Madrid, Homo Legens, 2006.

SCULLY, Diarmuid, «Augustus, Rome, Britain and Ireland on the Hereford Mappa Mundi: Imperium and Salvation», *Peregrinations: Journal of Medieval Art and Architecture* 4/1 (2013), pp. 107-133.

SÉNECA, *Consolaciones a Marcia, a su madre Helvia y a Polibio,* trad. de Juan Mariné Isidro e Ismael Roca Melia, Madrid, Gredos, 1996.

SYME, Ronald, *Salustio,* Madrid, Gredos, 2023 [ed. orig.: *Sallust,* Berkeley/Los Ángeles, University of California Press, 1964].

TALBERT, Richard y UNGER, Richard (eds.), *Cartography in Antiquity and the Middle Ages. Fresh Perspectives, New Methods,* Leiden/Boston, Brill, 2008.

VOLTAIRE, *Diccionario filosófico,* Buenos Aires, Sophos, 1960.

WOODWARD, David, «Medieval *Mappaemundi*», en David Woodward y John Brian Harley (eds.), *The History of Cartography, vol. 1, Cartography in Prehistoric, Ancient, and Medieval Europe and the Mediterranean,* Chicago/Londres, University of Chicago Press, 1987, pp. 286-370.

ZAGORIN, Perez, *Francis Bacon,* Princeton, Princeton University Press, 1998.

Índice

Isidoro de Sevilla, 143 – Mapas diversos para un mundo diverso, 151 – Muchos tiempos, un espacio, 155 – El mundo se ensancha mirando al pasado. La irrupción de las cartas portulanas, 167

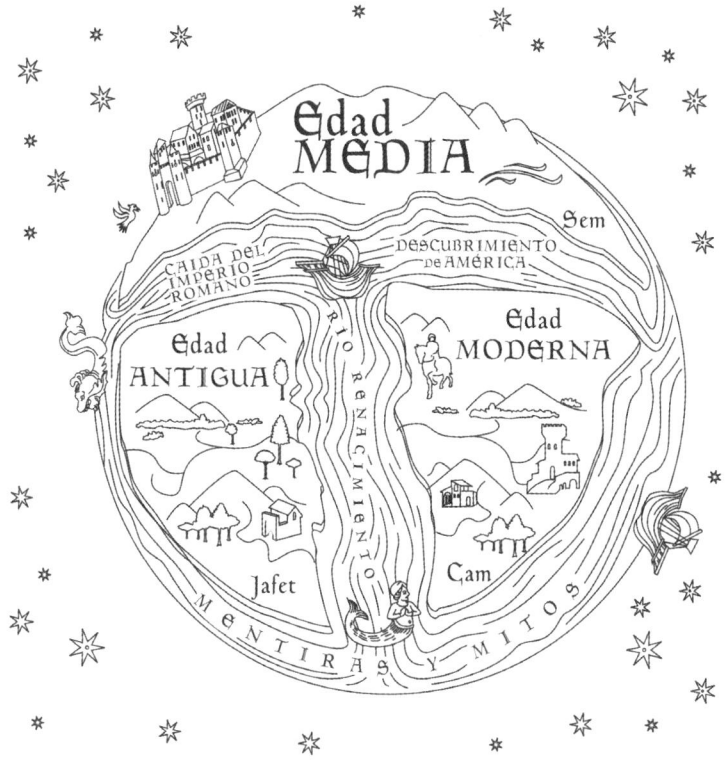

Mapa de T en O que ilustra la falsedad de la división de las edades de la Historia, por
Juan Hervás. Tradicionalmente, estos tres periodos, repletos de mitos y clichés, se han
entendido como tres grandes continentes sin conexión entre sí y con hitos específicos
que conforman el paso de uno a otro.